MISSION
GEMEINSCHAFT

Mission gemeinsam leben – die Kraft neu entdecken!

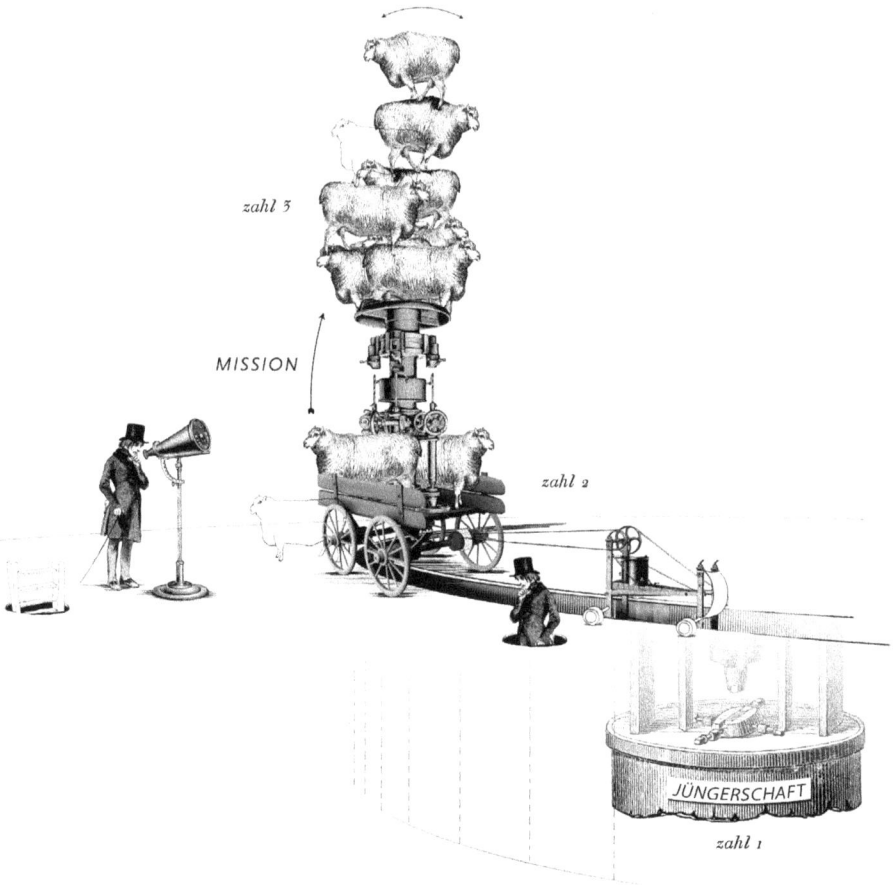

Mike Breen und das 3DM-Team

Einbandgestaltung: Blake Berg
Innengestaltung: Pete Berg

Übersetzung und Lektorat: Susanne Thun
Korrektorat: Peter Feller

Projektverantwortung der deutschen Übersetzung der
3D-Ministry-Bücher: Stephan Ramp, Vineyard Zürich

ISBN: 978-0-9973058-9-0

INHALTSVEREICHNIS

EINE KURZE ANMERKUNG ZU DIESEM BUCH VOR DEM LESEN

. . . .

Das vorliegende Buch steht zwar für sich, ist aber gleichzeitig Teil eines inhaltlichen Konzepts, das wir für die an unserem zweijährigen Lerngemeinschaftsprozess teilnehmenden Teams massgeschneidert haben. Es ist das dritte Buch dieser Serie.

Unsere wichtigsten, dem Konzept der Lerngemeinschaften folgenden Bücher bauen inhaltlich jeweils auf den vorangegangenen Titeln auf. Es handelt sich um:

- Eine Jüngerschaftskultur aufbauen
- Missionale Leiter multiplizieren
- Missionale Gemeinschaften leiten
- Reich-Gottes-Bewegungen leiten (Anmerkung: bis jetzt erst auf Englisch erhältlich: Leading Kingdom Movements)

Durch diesen Ansatz bedingt taucht manchmal „Insider-Slang" auf, wenn wir auf Punkte in den vorhergehenden Büchern Bezug nehmen. Wir haben uns jedoch grösste Mühe gegeben, solche Punkte zu erläutern, damit das Buch in sich abgeschlossen ist. Als weitere Verständnishilfe schien es uns sinnvoll, euch einige grundlegende Begriffe zu vermitteln, die in diesem Buch häufig vorkommen.

Missionale Leiterin/missionaler Leiter
Sie oder er *mobilisiert* Mitchristen, an Gottes Erlösungswerk in der Welt teilzuhaben.

Huddle

Jüngerschaftsgefäss für Leiter, das Unterstützung, Herausforderung, Schulung und Verbindlichkeit anbietet und von einem Jüngerschaftsleiter/einer Jüngerschaftsleiterin geführt wird. Die Teilnehmer starten anschliessend selbst Huddles und lassen eine Jüngerschaftsbewegung durch Multiplikation entstehen.

Missionales Grenzgebiet

Orte oder Beziehungsnetzwerke, in denen das Evangelium wenig verbreitet ist und wo Möglichkeiten für ein viel stärkeres Anbrechen des Reiches Gottes bestehen.

Missionale Gemeinschaft

Gruppe mit 20–50 Teilnehmenden, die zusammen als erweiterte Familie auf Mission unterwegs sind.

Oikos

Griechisches Wort für „Haushalt"; beschreibt eine Gruppe mit 20–70 blutsverwandten und nicht-blutsverwandten Menschen, die zum griechisch-römischen Haushalt gehörten.

Charakter

Wie Jesus sein (das Innenleben eines Menschen).

Kompetenz

Sachen machen, die Jesus machen konnte (äussere Welt eines Menschen).

Jünger

- Jemand lernt, wie Jesus zu sein und zu tun, was Jesus tun konnte.
- Jüngerschaft ist der Prozess, in dem du zu dem Menschen wirst, der Jesus an deiner Stelle wäre (Dallas Willard).
- Jemand, dessen Leben und Dienst das Leben und den Dienst von Jesus widerspiegelt.

UP/IN/OUT

Wir sehen in den Evangelien, dass Jesus drei grosse Lieben und dementsprechend drei verschiedene Dimensionen in seinem Leben hatte:

- UP: tiefe innere Verbundenheit mit seinem Vater und aufmerksames Hören auf die Führung des Heiligen Geistes.

- IN: beständiges Investieren in die Beziehungen der Menschen in seinem näheren Umfeld (Jünger).
- OUT: Hineingehen in die Zerbrochenheit der Welt, Ausschau halten nach Reaktionen auf individueller Ebene (Menschen treten in eine Beziehung zu Jesus und seinem Vater) und auf Systemebene (ungerechte Systeme erfahren Transformation).

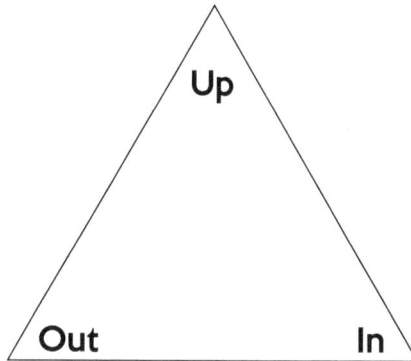

```
          Up



     Out         In
```

Dieses dreidimensionale Modell für einen ausgewogenen Lebensstil ist in der ganzen Bibel klar zu erkennen und sollte im Leben des Einzelnen wie im Gemeinschaftsleben zum Tragen kommen.

Reich-Gottes-Bewegungen

Eine Gemeinschaft, die als Eingangstor dient zu der neuen Welt, die Gott für alle seine Kinder bereithält. Eine Reich-Gottes-Bewegung ist eine Gemeinschaft von Jesus-Nachfolgern, die leidenschaftlich nach der Ausbreitung von Gottes Reich hier auf der Erde trachten, indem sie andere Menschen zu Jüngern machen und auf die Transformation aller Orte, an denen sie leben, hinwirken.

Missionale Aussendungszentren

Gemeinschaften mit genug starkem geistlichen Potenzial, mit Leitenden, deren Leben klar den Charakter und die Kompetenz von Jesus aufweist, sollen zu Orten der Multiplikation, Schulung und Aussendung von Leitern in missionales Grenzgebiet werden, aber auch zu sicheren Häfen, in die diese Leiter nach dem Verlassen eines missionalen Grenzgebiets für eine bestimmte Zeit oder auf Dauer zurückkehren und sich erneuern lassen können.

VORWORT

. . . .

Nach 20 Jahren normaler, sonntagszentrierter Gemeindeerfahrung bin ich zusammen mit einer Handvoll Freunden in eine neue Stadt gezogen, um dort bewusst eine Gemeinschaft von Missionaren ins Leben zu rufen. Wir waren einerseits durch unsere Liebe zu verlorenen Menschen motiviert und gleichzeitig durch das Verlangen, mehr von Gott zu erleben. Wir wollten jeden Morgen mit der Erwartung aufwachen, dass Gott Pläne für uns hat und dass diese Pläne den Verlauf der Geschichte für unsere Freunde ändern würden.

Es traf ein! Häuser füllten sich, Freunde fanden zum Glauben an Jesus. Wir sahen und erlebten, wie uns Gottes Gegenwart bis ins tiefste Innere veränderte. Adullam ist jetzt ein Gemeindenetzwerk missionaler Gemeinschaften mit mehreren Hundert Leuten, die sagen würden: „Wir können nicht mehr zurück."

Wir mussten aber auch manche Misserfolge einstecken. Obwohl die Grösse unserer Bewegung für ihre Glaubwürdigkeit spricht, ist sie nicht annähernd so, wie sie mit etwas Unterstützung beim Aufbau hätte werden können – mit etwas Coaching oder einem Mentor, der dieses Gebiet, in dem wir als Pioniere unterwegs waren, schon bereist hatte.

Beim Lesen dieses Buches war mein erster Gedanke: „Mensch, damit hätten wir uns eine Menge Elend ersparen können." Für alle, die sich von der Begeisterung für missionale Gemeinschaften, echtes geistliches Training und Reich-Gottes-Handeln anstecken lassen, sind Mike Breen und das ganze 3DM-Team zu Spezialisten für Beratung und Umsetzung geworden. Dieses kurze, einfache Buch entspringt ihrer Erfahrung und praktischen Weisheit. Es sollte jedem Leitenden und jeder Gemeinde, die Menschen zu Jesus-Nachfolgern machen wollen, als Richtschnur dienen.

Unabhängig von eurem Kontext oder Gemeindeparadigma ist dieses Buch grundlegend und wird euch helfen, von Gott gesegnete neue Gleise zu legen, neue Rhythmen und neue Formen praktischer Umsetzung zu entdecken.

— Hugh Halter, Autor: *The Tangible Kingdom* und *AND: the Gathered and Scattered Church*.

EINLEITUNG

. . . .

Unser vorhergehendes Buch zum Thema Missionale Gemeinschaften (MGs), *Launching Missional Communities*, erwies sich als hilfreiches Werkzeug für Gemeindeleiter im Hinblick auf ihr Verständnis und ihre Pioniertätigkeit in den MGs.

Während wir aber in den vergangenen Jahren Pastoren und Gemeindeleiter in unseren Lerngemeinschaften coachten, machten wir eine Entdeckung. Es ist eine Sache, zu lernen, wie man MGs *startet*, aber es ist eine völlig andere Sache, zu lernen, wie man sie gut *leitet*, damit in ihnen die Saat für Jüngerschaft und Mission in den Gemeinden aufgehen kann.

Daraufhin beschlossen wir, das Ganze noch einmal gründlich zu überdenken und ein Buch zu verfassen, das die Prozesse und Grundsätze beim Leiten einer MG, die sich auf gesunde Art und Weise multiplizieren soll, in den Mittelpunkt stellt. Wir verfolgen als übergeordnetes Ziel, Jüngerschaft und Mission wieder in die Hände gewöhnlicher Menschen zu legen. Mit dem Gedanken an ganz normale Menschen wurde also dieses Buch geschrieben. Wir hoffen, dass jeder mit Hilfe dieses Buches die grundlegenden Prinzipien für das Starten, Leiten und Multiplizieren von MGs lernen kann. Wir hoffen, dass euch das Lesen und Ausprobieren Spass macht!

TEIL 1

GRUNDLAGEN FÜR MISSIONALE GEMEINSCHAFTEN (MGs)

1

MISSIONALE GEMEINSCHAFTEN UND OIKOS VERSTEHEN

EIN FEST FÜR ALLE

Es ist fast Mittagszeit, und im ganzen Haus riecht es herrlich nach gebrate-
nem Truthahn, Süsskartoffeln und Kürbispie. Jede Familie, jeder eingeladene
Freund hat etwas zum Essen für alle mitgebracht. Ein paar Leute sind früher
gekommen, um Mama und Papa beim Vorbereiten des Hauses für die Gäste
zu helfen.

Ein paar Erwachsene und ältere Kinder bringen gerade eine Runde Touch-
Football zu Ende, und die kleineren Kinder spielen Fangen. Dein Onkel hat
einen Arbeitskollegen mitgebracht, einen eingefleischten Detroit-Lions-Fan.
Er hängt zusammen mit ein paar anderen Leuten vor dem Fernseher und zieht
sich die Show vor dem Match rein. Andere stehen plaudernd in der Küche
und legen noch letzte Hand an das Erntedank-Festessen, das in ungefähr 20
Minuten auf dem Tisch stehen soll.

Beim entspannten Mittagessen, das länger als gewöhnlich dauert, wird viel
gelacht und Freundschaften werden gepflegt. Auch den Rest des Tages verbringt man zusammen. Einige räumen die Reste weg, andere waschen ab.
Wieder andere machen es sich sofort auf den Sesseln und Sofas bequem und
schauen Fussball (wahrscheinlich verbunden mit einem Nickerchen). Ein paar
Gäste spielen draussen weiter Touch-Football. Andere starten ein Gespräch
mit Cousins und Cousinen, die sie schon lange nicht gesehen haben.

Schlussendlich werden die, die wieder Hunger haben, die Reste für ein
zwangloses Abendessen auftischen. Einige lesen ein interessantes Buch auf
der Couch, andere unterhalten sich. Das Zusammensein dehnt sich bis in den

späten Abend aus. Einige Leute müssen nach Hause, andere bleiben über Nacht. Bevor sie auseinandergehen, werden noch Pläne für den nächsten Tag geschmiedet.

Dieses Porträt einer erweiterten Familie beim Erntedankfest gehört natürlich zur amerikanischen Kultur. Aber dasselbe passiert grundsätzlich weltweit. Es mögen Unterschiede in Bezug auf Sprache, Essen und geografische Lage bestehen. Aber es geht um dasselbe Thema.

ERWEITERTE FAMILIEN AUF MISSION

Der Einstieg in das Thema missionarische Gemeinschaften mit dem Bild einer erweiterten Familie beim Erntedankfest könnte einem komisch vorkommen. Aber genau da müssen wir starten. Warum? Letztlich **wollen wir nicht über missionale Gemeinschaften reden. Wir wollen über Familie reden.** Lasst uns dem etwas genauer auf den Grund gehen.

Missionale Gemeinschaften (MGs) sind zurzeit in der Gemeinde ein hochaktuelles Thema. Viele sind über das Potenzial der MGs begeistert: Sie können der Kirche helfen, ihren Auftrag in der Welt auszuleben. Wir haben in den 90er-Jahren zum ersten Mal MGs eingesetzt und unterstützen jetzt Gemeinden beim Aufbau solcher Gemeinschaften. (Wahrscheinlich liest du deshalb dieses Buch.) **MGs sind aber keine Wunderlösung** für sämtliche Probleme der Gemeinde im Bereich Mission. MGs sind zwar nicht das Ziel, aber sie sind enorm wertvoll, weil sie eine Struktur bieten, mit deren Hilfe wir an unser eigentliches Ziel, **das wir *Oikos* nennen**, gelangen können.

Mit dem griechischen Wort *Oikos* werden im Neuen Testament „Haushalte" bezeichnet. Es waren erweiterte Familien, die zusammen mit einem gemeinsamen Zweck funktionierten. Bei den Urchristen war *Oikos* der Ort, auf den sich Jüngerschaft und Mission konzentrierten und an dem sie sich entwickeln konnten. Dieses Gefäss erleichterte die Beziehungsdynamik, aufgrund derer die Gemeinde inmitten von Verfolgung und Leiden jahrhundertelang zur vollen Entfaltung kommen konnte. Durch den *Oikos* können auch heute Gemeinden sogar an Orten mit starker Verfolgung wachsen und gedeihen. Wir sind zu hundert Pro-

MGS SIND ABER keine Wunderlösung für sämtliche Probleme der Gemeinde im Bereich Mission.

zent davon überzeugt, dass die Gemeinde den *Oikos* wieder für sich in Anspruch nehmen muss, wenn sie zu einer Bewegung wie die Urchristengemeinde werden will.

Das Leben in einem *Oikos* war ursprünglich in fast jeder Kultur im Laufe der Menschheitsgeschichte die Regel. So sah die Familie aus — nicht 2,4 Kinder in einem Einfamilienhaus, sondern eine grössere Gemeinschaft, die Leben, Arbeiten, Feiern und Geschäftemachen miteinander erlebte. Erst in den etwa hundert vergangenen Jahren ist uns im Westen der Gedanke, als erweiterte Familien zusammen missionarisch unterwegs zu sein, verloren gegangen. Aus einer Vielzahl von Gründen haben wir ohne Absicht die Zersplitterung der erweiterten Familie akzeptiert und versucht, in erster Linie als Einzelpersonen und Kernfamilien zu leben. Dieses Experiment hatte ausserordentlich katastrophale Auswirkungen, und die Nachwirkungen seht ihr wahrscheinlich überall in eurer Umgebung. Einsamkeit und Depression sind weit verbreitet. Wir sind gestresster und eingespannter als je zuvor. Viele Leute haben das Gefühl, kaum den Kopf über Wasser halten zu können, während sie versuchen, die Karriereleiter zu erklimmen, ihre Kinder zu erziehen und so etwas wie einen Sinn im Leben zu finden.

> **EINE MG ZU starten bedeutet, die Gemeinde als Oikos neu zu entdecken: als erweiterte Familie, die gemeinsam missionarisch unterwegs ist und in der jeder etwas beiträgt und jeder Unterstützung erhält.**

Inmitten von Chaos und Verwirrung haben wir als Nachfolger von Jesus die ungeheure Möglichkeit, die Gesellschaft buchstäblich wieder aufzubauen, indem wir erneut „erweiterte Familien", *Oikos*-Gemeinschaften, bilden, bei denen nicht Blutsverwandtschaft oder Vorfahren die entscheidende Rolle spielen, sondern Jesus. Wir haben den Auftrag, die Menschen in unserer Umgebung voller Anteilnahme zu erreichen, sie in unsere Gemeinschaft einzuladen, ihnen das Evangelium weiterzusagen, Jünger zu machen und aus diesen Familien zu bilden, in denen wir gemeinsam Jesus nachfolgen. Genau darum geht es beim Starten einer MG. Das ist keine neue Welle oder die neuste Methode für Gemeindewachstum oder ein neuer Name für Hauskreise. Hier geht es darum, die Gemeinde als *Oikos* neu zu entdecken: als erweiterte Familie, die gemeinsam missionarisch unterwegs ist und in der jeder etwas beiträgt und jeder Unterstützung erhält.

Wir wollen damit nicht sagen, dass die MGs nicht wichtig sind. Sie sind wichtig, deshalb haben wir ja dieses Buch geschrieben. MGs sind aber einfach das erste Fahrzeug, das wir fahren lernen, um an unser eigentliches Ziel zu gelangen: als *Oikos* leben zu lernen, erweiterte Familien zu bilden, die mit Gott und miteinander missionarisch unterwegs sind. Die MGs sind wie Stützräder. Wir lernen durch sie, auf dem Fahrrad *Oikos* zu fahren. Sie bilden das Gerüst, das uns ermöglicht, den *Oikos*-Haushalt wieder aufzubauen. MGs sind der Kokon, aus dem der Schmetterling *Oikos* hervorgehen kann. Ihr habt verstanden, worum es geht. Wir glauben, dass die Leute in 50 Jahren im Rückblick sagen werden: „Das ist ja unglaublich! Sie haben damals Leute in MGs eingeladen, weil sie nicht wussten, wie man als *Oikos* zusammenlebt! Ist das nicht erstaunlich?"

Wir sehen den *Oikos* als vom Geist Gottes in der heutigen Zeit gewirkt. Durch ihn soll die Fähigkeit der Gemeinde, in Jüngerschaft und Mission nach dem Vorbild der Urchristen fruchtbar zu wirken, wiederhergestellt werden. Wir wollen auf diese Weise unseren Glauben in den unterschiedlichen Quartieren und Beziehungsnetzwerken unserer Städte in der Öffentlichkeit ausleben. Wir sind der festen Überzeugung, dass dieses Thema für die Kirche in der westlichen Welt alles entscheidend ist. Die Erfüllung von Gottes Traum für die Welt werden wir nur dann erleben, wenn wir lernen, als erweiterte Familien missionarisch unterwegs zu sein.

Die gute Nachricht: Es ist gar nicht so kompliziert, und Gott schenkt uns die nötige Kraft! Diese Aufgabe ist nicht Gemeindeleitern, Pastoren oder Experten vorbehalten – jeder kann sie in Angriff nehmen! Unter guter Leitung sind MGs ein ausserordentlich wirksames Gefäss, in dem normale Menschen angeleitet werden können, Jesus gemeinsam nachzufolgen und *Oikos* neu zu lernen. Deshalb wollen wir euch so praktisch wie möglich dafür ausrüsten. Aber vergesst nicht: Zielsetzung ist nicht die Durchführung eines Programms namens „Missionale Gemeinschaft". Das Ziel besteht darin zu lernen, wie man als erweiterte Familie auf Mission funktionieren kann. Wir glauben, dass das wirklich *jeder* lernen kann.

Schaut es einmal aus folgendem Blickwinkel an: MGs sind ein grossartiges Fahrzeug mit einem kraftvollen Motor (Jüngerschaft; damit befassen wir uns etwas später). Die Hauptfunktion eines Fahrzeugs besteht darin, uns an einen Ort zu bringen. Der Zielort, an den uns die MG bringen soll, ist der *Oikos*. Um erfolgreich und zielgerichtet fahren zu können, musst du über die Richtung

Bescheid wissen und in der Lage sein, das Fahrzeug zu fahren. Genau darum geht es in diesem Buch.

Ein Zitat, das mit grosser Wahrscheinlichkeit Margaret Mead zugeschrieben wird, bringt die Idee treffend zum Ausdruck: „Zweifle nie daran, dass eine kleine Gruppe überlegter, engagierter [Menschen] die Welt verändern kann. Nur so ist es bisher geschehen."[1]

Du bist somit eingeladen, Teil einer weltverändernden Bewegung zu werden, die einfach eine erweiterte Familie auf Mission aufbaut.

WAS IST EINE MISSIONALE GEMEINSCHAFT?

Bevor wir uns genauer mit den Grundsätzen und praktischen Aspekten beim Starten und Leiten von MGs befassen, müssen wir zuerst definieren, was eine MG ist sowie einige ihrer Unterscheidungsmerkmale von anderen, bisher in der Gemeinde eingesetzten Gefässe beschreiben. „Missionale Gemein-schaft" ist zu einer Art Modewort in der Gemeinde geworden, und der Begriff wurde unterschiedlich verwendet. Wenn wir jedoch von MGs reden, meinen wir damit etwas ganz Spezifisches. Hier ist unsere Definition:

Eine missionale Gemeinschaft besteht aus etwa **20 bis 40 Leuten, die ein bestimmtes Viertel oder ein Beziehungsnetzwerk mit der guten Nachricht von Jesus erreichen wollen.** Diese Gruppe ist eine flexible, lokale Ausdrucksform der Gemeinde, deren erklärte Absicht darin besteht zu erleben, wie Menschen, zu denen sie Beziehungen pflegen, mit ihnen Jesus nachfolgen. Die Gruppe existiert, um zu erleben, wie Gottes Reich bei ihren Freunden und Nachbarn Einzug hält. Das führt normalerweise zu Wachstum der MG (Menschen fangen an, Jesus nachzufolgen und schliessen sich der MG an) und daraufhin zur Multiplikation der neuen MGs (Menschen werden geschult, innerhalb der MG zu leiten und später ausge-

> **EINE MISSIONALE** Gemeinschaft besteht aus etwa 20 bis 40 Leuten, die ein bestimmtes Viertel oder ein Beziehungsnetzwerk mit der guten Nachricht von Jesus erreichen wollen.

---

[1] Margaret Mead zugeschrieben, in Frank G. Sommers und Tana Dineen (1984), *Curing Nuclear Madness*, S. 158.

sandt, neue MGs zu starten). Sie sind innerhalb einer grösseren Gemeinde vernetzt, sodass eine „zerstreute" und eine „gesammelte" Ausdrucksform der Gemeinde möglich wird.

Diese mittelgrossen, **von Laien geführten** Gemeinschaften sind **leicht, ohne unnötigen Ballast,** und **sparsam im Unterhalt.** Normalerweise finden pro Monat in ihrer missionalen Umgebung drei bis vier „offizielle" Treffen statt. (Das heisst: *Wann* sie sich treffen, *wo* sie sich treffen, *mit wem* sie sich treffen und *was sie* bei diesen Zusammenkünften *machen*, ist stark auf den Kontext zugeschnitten. Ausschlaggebend sind die Vision und das missionale Umfeld der betreffenden MG.) „Leben zusammen gestalten" hat einen besonderen Stellenwert. Dementsprechend kommen die Leute aus der MG oft auch unter der Woche informell zusammen. Manchmal strukturiert und manchmal spontan **geht es bei den MGs immer um die drei Lebensdimensionen,** die Jesus auslebte: Zeit mit Gott durch Anbetung, Gebet, Bibellesen, Lehre, Danksagung usw. (wir nennen es UP); Zeit mit anderen Menschen aus dem Leib Christi durch den Aufbau einer lebendigen, anteilnehmenden Gemeinschaft (wir nennen es IN); und Zeit mit Menschen, die Jesus noch nicht kennen (wir nennen es OUT).

Wir wollen **fünf Merkmale** aufzeigen, durch die sich die MG einfach definieren lässt.

1) 20 – 40 LEUTE

Dabei handelt es sich um eine ungefähre Zahl, nicht um eine Vorschrift. Die MGs sind je nach Kultur und Kontext unterschiedlich gross. Wir gehen später noch genauer darauf ein, möchten aber jetzt schon festhalten, dass bei den MGs die Grösse wichtig ist. Es müssen *mittelgrosse* Gemeinschaften sein – grösser als Kleingruppen, aber kleiner als ganze Gemeinden. Sie müssen **klein genug sein, um Anteil zu nehmen,** aber auch **gross genug, um ein Wagnis einzugehen.** Was meinen wir damit?

SIE MÜSSEN **klein genug sein, um Anteil zu nehmen, aber auch gross genug, um ein Wagnis einzugehen.**

MGs sind **klein genug, um Anteil zu nehmen,** weil sich eine Gruppe mit 20–40 Leuten anfühlt wie eine erweiterte Familie, in der man jeden Einzelnen kennen und lieben kann und in der jeder Einzelne einen bedeutsamen Beitrag zur Gemeinschaft leisten kann. Da eine MG normalerweise kleiner ist als die gesamte Gemeinde, ist es für Einzelpersonen viel leichter, sich zugehörig zu fühlen und als wichtigen Teil der Gemeinschaft zu empfinden. Eine kleine Gruppe bietet auch eine angenehmere Umgebung, wenn jemand neu dazu kommt. Ein Rahmen mit 20–40 Leuten lässt die Dynamik einer „Hausparty" entstehen. Das heisst, es entsteht ein halb-anonymer Raum in der Gemeinschaft, in dem die Leute sich am Rand bewegen und beobachten können, bevor sie sich annähern und auf einer tieferen Ebene teilnehmen. Kleine Gruppen mit 6 bis 12 Leuten verfügen nicht über diesen Raum, und der Besuch einer Gruppe dieser Grösse ist oft für einen neuen Teilnehmer etwas beängstigend.

MGs sind **gross genug, um ein Wagnis einzugehen**, weil eine Gruppe mit 20–40 Leuten genügend menschliches Potenzial hat, um in dem gewählten missionarischen Umfeld, sei es in einem Viertel oder in einem Beziehungsnetzwerk, wirksam Einfluss zu nehmen. Mit anderen Worten: Sie können mehr machen, weil mehr Leute dazu gehören als bei einer Kleingruppe! Ausserdem ist Multiplikation bei einer 20–40 köpfigen Gruppe viel einfacher. Einer der Gründe, warum sich Kleingruppen oft nicht multiplizieren, liegt darin, dass die Leute sich nicht von den engen Freunden, zu denen sie im Hauskreis eine Beziehung pflegen, trennen wollen. Die Multiplikation einer MG hingegen gibt dir die Möglichkeit, den Weg mit deinen engsten Freunden fortzusetzen und gleichzeitig das Reich Gottes durch die Erfüllung des Missionsbefehls zu vergrössern.

2) KLARE MISSIONARISCHE AUSRICHTUNG

Bei der Entstehung einer MG ist die missionarische Ausrichtung von Anfang an entscheidend. Wenn ihr beim Start der MG keine klar definierte missionale Vision habt, ist späteres Einbringen schwierig, weil die Gruppe fast immer ein sozialer Klub für Christen wird oder man zusammen Bibelarbeit macht. Missionale Vision bedeutet: Ihr habt das Verlangen und die Leidenschaft, mit einer bestimmten Gruppe Menschen die gute Nachricht von Jesus durch euer Reden und Handeln zu teilen. Wenn diese Vision klar erkannt und zum Ausdruck gebracht wird, bekommt sie **Magnetfunktion**. Sie zieht Menschen in die Gemeinschaft und ist der **Motor**, der die Gemeinschaft in Bewegung hält.

Bei der missionalen Vision geht es im Kern darum, den Menschen in einem bestimmten **Viertel** oder **Beziehungsnetzwerk** *die gute Nachricht von Jesus*

> VISION BEKOMMT **Magnetfunktion. Sie zieht Menschen in die Gemeinschaft und ist der Motor, der die Gemeinschaft in Bewegung hält.**

weiterzusagen und sie in seine Nachfolge zu führen. Eine MG mit Schwerpunkt Viertel konzentriert sich darauf, Menschen, die in einem bestimmten Gebiet (beispielsweise in einem Wohnblock oder in mehreren Strassen) leben oder arbeiten, zu dienen und mit ihnen die gute Nachricht von Jesus zu teilen. Eine MG mit Schwerpunkt Netzwerk möchte den Menschen in einem bestimmten Beziehungsnetzwerk (z.B. einem Sportklub, Berufstätigen in der Kreativbranche, einer Hobbygruppe, einer Gruppe von Geschäftsleuten, Studenten, einer Subkultur in der Stadt usw.) das Evangelium näherbringen. Eurer MG einen — möglicherweise auf die Vision bezogenen — Namen zu geben, trägt dazu bei, die Vision in den Köpfen eurer Leute lebendig zu erhalten sowie innerhalb der MG das Gefühl für Identität und Zugehörigkeit entstehen zu lassen.

Wenn wir uns Gedanken dazu machen, Menschen in einem Viertel oder Beziehungsnetzwerk mit dem Evangelium in Kontakt zu bringen, müssen wir im Auge behalten, dass eine MG nicht einfach angeflogen kommt, für eine Gruppe ein paar Aktivitäten auf die Beine stellt und dann wieder abzieht. Sie ist vielmehr darauf ausgerichtet, bei den Menschen und an dem Ort, wo sie Einfluss nehmen möchte, zu leben und zu arbeiten. Dieses „Inkarnationsprinzip" hilft zu verhindern, dass MGs zu einer Reihe von Dienstleistungsprojekten ohne Beziehung zu den Menschen, denen sie dienen, werden.

> *„Die stärksten Formen von Gemeinschaft entstehen im Kontext einer gemeinsam durchlebten schwierigen Situation, oder es sind Gemeinschaften, die sich als Gruppe mit einer Mission definieren, die über sie selbst hinausgeht – und die sich somit auf einen riskanten Weg begeben. Übermässige Sicherheitsbedenken in Kombination mit Bequemlichkeit und Annehmlichkeiten haben unsere wahre Berufung und Zielrichtung übertüncht."*
> — Alan Hirsch und Michael Frost, *The Forgotten Ways*

3) LEICHT / SPARSAM IM UNTERHALT

Wir sollten alles daran setzen, die MGs so leicht und mit so wenig Aufwand wie möglich zu gestalten. Dann können sie kostengünstig geführt werden, erfordern nicht übermässig viel Zeit für die Planung und man ist nicht durch Bau- oder Unterhaltskosten gebunden. Das Leiten einer MG sollte für einen Leiter keine schwere Last darstellen. Leute mit einem normalen Arbeitsalltag sollten sie leiten können. Die MGs-Treffen sollten beispielsweise nicht den normalen Gemeindegottesdienst kopieren, denn die Gottesdienstplanung und -durchführung erfordert viel Zeit und harte Arbeit! Versucht stattdessen, die Treffen

über längere Zeit immer im gleichen Rhythmus anzubieten, damit die Leute zu einer Familie werden
können. (Mehr dazu später. Uns geht es vor allem
um ein „Zeit-Recycling": Aktivitäten, bei denen wir
sowieso engagiert sind, geben wir eine missionale
Ausrichtung, anstatt unser Programm um zusätzliche Veranstaltungen und Verpflichtungen zu erweitern.) Baue um dich herum ein Team auf, das dich
bei der Leitung und Organisation der verschiedenen Gemeinschafts-bereiche unterstützt. Das ist
Leib Christi in Aktion.

ES GEHT DARUM,
zusammen einen
missionalen
Lebensstil
einzuüben,
nicht darum,
an einer Reihe
missionaler
Veranstaltungen
teilzunehmen.

Denke daran: Wir wollen eine erweiterte Familie aufbauen, die zusammen
missionarisch unterwegs ist. Lass dich in deinem Denken von „Familienrhyth-
men" leiten. Bei gemeinsamen Mahlzeiten soll jeder etwas zum Essen beisteuern. Vielleicht können ein paar Leute schon vorher kommen und helfen,
das Haus aufzuräumen, bevor die anderen eintreffen. Nachher dürfen alle
beim Abwaschen und Aufräumen mithelfen — genau wie in einer Familie! **Es
geht darum, zusammen einen missionalen Lebensstil einzuüben, nicht
darum, an einer Reihe missionaler Veranstaltungen teilzunehmen.**

4) LEITERIN/LEITER LEBT VERBINDLICH

MGs werden geführt von Leitern mit Vision. Diese Leiter **leben aber in verbindlichen Beziehungen zur Leiterschaft der grösseren Gemeinde und
werden von dieser auch unterstützt.** MGs sind keine Gemeindegründungen (jedenfalls nicht im traditionellen Sinn). Sie bleiben Teil eines grösseren
Ganzen, das um eine zentrale Gemeinde kreist. Dort werden sie geschult
und bekommen Unterstützung. Dadurch entsteht eine Dynamik mit **wenig
Kontrolle bei starker Verbindlichkeit,** die für die Gesundheit der MGs ausschlaggebend ist. **Wenig Kontrolle** bedeutet, dass die Vision für die MG vom
Leitenden der MG kommt und nicht von der Leiterschaft der Hauptgemeinde
vorgegeben wird. **Starke Verbindlichkeit** bedeutet, dass die Leitenden der
Hauptgemeinde sich stark engagieren, um dem MGs-Leiter/der MGs-Leiterin
bei der Umsetzung der ihm oder ihr von Gott geschenkten Vision zu helfen.
In den MGs geschieht Mission durch Gottes Leute vor Ort. Sie sind auf die
Quartiere und Netzwerke einer Stadt verteilt und kreisen weiterhin um die
Hauptgemeinde, die für die MGs zu dem Ort wird, an dem sie Schulung, Aus-
rüstung, Gebet, Hilfsmittel und Ermutigung erhalten.

Jede MG kreist in ihrer eigenen Umlaufbahn um die Hauptgemeinde, je nach ihrem Kontext und ihren Bedürfnissen. Einige Gemeinschaften kommen meistens in die Sonntagsgottesdienste und treffen sich überwiegend an Wochentagen in ihrem missionarischen Umfeld. Andere Gemeinschaften treffen sich an fast allen Wochenenden im missionarischen Umfeld und schliessen sich nur einmal im Monat den Sonntagstreffen an. Und dazwischen ist auch alles möglich! Auch das hängt von der Vision und dem jeweiligen Missionskontext der MG ab und wird im Dialog zwischen dem MGs-Leitenden und den Gemeindeleitern abgestimmt.

5) RHYTHMUS UP / IN / OUT

Die Rhythmen der MGs sind darauf angelegt, dass wir in der Beziehung zu Gott (UP), in den Beziehungen untereinander (IN) und zu den Menschen, die wir erreichen möchten (OUT), wachsen. So entsteht ein auf das höchste Gebot und den Missionsbefehl ausgerichtetes Gemeinschaftsleben:

- „Liebe den Herrn, deinen Gott, von ganzem Herzen, von ganzer Seele und von ganzer Kraft" (UP).
- „Liebe deinen Nächsten wie dich selbst" (IN).
- „Geht hin und machet zu Jüngern alle Völker" (OUT).

Behaltet hier wieder im Auge, dass wir nicht einfach eine Veranstaltungsreihe aufgleisen und Leute dazu einladen wollen. Wir wollen eine Vision kommunizieren und Rhythmen und Gewohnheiten einrichten, durch die wir zu einer erweiterten Familie auf gemeinsamer Mission werden. Dazu brauchen wir Rhythmen, die uns durch Anbetung und Gebet mit Gott verbinden (UP), uns in eine tiefere Verbundenheit untereinander führen (IN) und Beziehungen zu den Menschen entstehen lassen, die wir in unserem missionalen Umfeld lieben und denen wir dienen möchten (OUT).

Das sind die Hauptpunkte, die erfolgreiche MGs ausmachen. Jetzt wollen wir uns mit den Grundlagen befassen, auf denen MGs gebaut werden.

2
JÜNGERSCHAFT
IM ZENTRUM

· ·

Wir haben jetzt die MGs definiert. **Wie würdest du auf dieser Grundlage an den Start einer MG herangehen?** Was würdest du als Erstes machen? Was müsstest du wissen? Welche praktischen Werkzeuge brauchst du für die besten Erfolgschancen?

Während du an deinen Aufbruch zu dieser aufregenden Reise denkst, möchten wir **vier grundlegende Prinzipien** aufzeigen. Aufgrund unserer Beobachtungen, wie Hunderte von Leuten MGs gestartet und geleitet haben, haben diese sich als unerlässlich herauskristallisiert. Unseres Erachtens sind sie nicht verhandelbar. Grundsätzlich funktionieren MGs nicht sehr gut, wenn nicht alle vier Grundsätze umgesetzt werden und gut laufen. Anders gesagt: Dieser Teil des Buches darf langsam und sorgfältig gelesen werden, und vielleicht möchtest du ihn beim Planen der Startphase deiner MG wieder zur Hand nehmen.

GRUNDLAGE 1: JÜNGERSCHAFT IM ZENTRUM

Eine weitverbreitete falsche Vorstellung über MGs besteht darin, dass es sich einfach um eine Form handelt, damit unsere Leute ab und zu den Menschen in unserer Umgebung im Rahmen von Projekten dienen. MGs müssen jedoch Gemeinschaften sein, in denen echte Jüngerschaft stattfindet. Sonst werden sie nicht zu *Oikos*-Orten und werden sich nie auf gesunde Art und Weise multiplizieren.

Ein MGs-Leiter berichtet:
> „Unsere MG wollte die Obdachlosen erreichen, die sich am Samstagmorgen in einem bestimmten Park trafen. Zuerst brachten wir

ihnen Butterbrotpakete und andere lebensnotwendige Sachen. Wir stellten diese Sachen als MG jede Woche gemeinsam zusammen und teilten die Pakete am Samstagmorgen aus. In unserer Stadt gibt es allerdings ein paar tolle Sozialdienste für Obdachlose. Man kann jederzeit ein Bett, eine Dusche und Essen bekommen. Wir stellten aber fest, dass sie keine Freunde hatten; niemand redete wirklich mit ihnen. Daraufhin stellten wir alles um. Wir gestalteten es viel einfacher, mehr auf die Beziehungen bezogen. Bei unseren Besuchen am Samstagmorgen warteten wir auf andere, die Sachen austeilten, und stellten dann Tische auf, spielten mit ihnen Dame oder Schach und tranken zusammen Kaffee. Beim Kennenlernen beteten wir mit ihnen, fragten, wie wir ihnen dienen könnten, gaben weiter, was Gott zu uns sagte und baten sie, uns mitzuteilen, was Gott vielleicht zu ihnen redete. Es war unglaublich mitzuerleben, was Gott tun konnte, als bei uns der Schalter kippte und wir die MG nicht mehr als Ort für Veranstaltungen oder Diensteinsätze sahen, sondern als Familie, in der wir eine bestimmte Art von Kultur aufbauten."

Das erste Prinzip besteht darin, dass du im Kern deiner MG eine **Jüngerschaftskultur** aufbauen musst, wenn sie langfristig Frucht tragen soll. Das Kernstück *jeder* wirksamen MG ist eine Jüngerschaftskultur. Weitaus wichtiger als die von uns eingerichtete Infrastruktur oder die von uns gewählten Rhythmen ist die Kultur, die wir in unserer MG durch den Rhythmus und die Infrastruktur aufbauen. Die Kultur übertrumpft Programme und Veranstaltungen *immer*.

Was verstehen wir unter einer **Jüngerschaftskultur**? Eine Kultur ist wie Wasser für einen Fisch oder wie Erde und Luft für eine Pflanze. Es ist die Lebensumwelt, in der das Ganze existieren kann. Und genauso wie bestimmte Arten von Erde für Gärten besser geeignet sind, lassen bestimmte Arten von Kulturen MGs besser wachsen als andere. Genauso wie du die allerbeste Erde für einen ertragreichen Garten brauchst, brauchst du eine Jüngerschaftskultur für eine erfolg- und ertragreiche MG. Stelle dir die Jüngerschaftskultur als „Ökosystem" deiner MG vor. Jüngerschaftskultur bedeutet einfach: **Menschen in die Nachfolge von Jesus zu führen ist in deiner MG das Natürlichste von der Welt.**

> **DU MUSST IM Kern deiner MG eine Jüngerschaftskultur aufbauen, wenn sie langfristig Frucht tragen soll.**

Der Missionsbefehl fordert uns dazu auf, Menschen zu Jüngern zu machen. Jesus sagt, dass er seine Gemeinde bauen wird[2], und unsere Aufgabe besteht darin, Menschen in die Nachfolge zu führen.[3] Manchmal denken wir umgekehrt. Wir meinen, wenn wir herausfinden, wie man Gemeinde baut, kommen schlussendlich Jünger dabei heraus. In Wirklichkeit funktioniert es anders herum: Wir machen Jünger, und Jesus baut seine Gemeinde. Das heisst: Als Kultur und Mentalität in unseren MGs wollen wir eine **Jüngerschaftskultur** aufbauen, in der den Leuten ein klares Verständnis vermittelt wird, dass wir dazu berufen sind, Jesus-Nachfolger zu *sein und andere Menschen zu Jüngern zu machen.*

> **MENSCHEN IN die Nachfolge von Jesus zu führen ist in deiner MG das Natürlichste von der Welt.**

In einer MG lernen wir also, Jesus in jedem Lebensbereich zu vertrauen und ihm nachzufolgen. Wir wachsen und werden ihm mit unserem Charakter (wer wir sind) und unserer Kompetenz (was wir tun können) immer ähnlicher. Auf diesem Weg laden wir andere dazu ein, das Leben als Jünger mit uns zu teilen und zunehmend mit der Erwartung zu leben, das Gottes Reich in allen unseren Lebensbereichen anbricht. Wir pflegen unsere Identität als „gesandte" Menschen; wir sind Missionare in jedem Einflussbereich oder Umfeld, in dem wir uns gerade befinden. Wenn wir tatsächlich Jünger machen (Menschen, die zunehmend werden wie Jesus und die Sachen machen, die er gemacht hat), wird Evangelisation zum Überfluss unseres Lebens als Nachfolger und ist nicht so sehr ein Programm oder eine Veranstaltung. Anstatt uns dazu zwingen zu müssen oder das Ganze als künstlich zu empfinden, wird Evangelisation etwas Natürliches, wenn Menschen durch die Frucht, die sie in unserer Gemeinschaft sehen, angezogen werden.

In einer Jüngerschaftskultur geht es darum, die Entwicklung eines missionalen *Lebensstils* (der Glaube steht im Mittelpunkt unseres gesamten Handelns) zu fördern und zu pflegen. Missionale Veranstaltungen (Glauben im Mittelpunkt der von uns organisierten Veranstaltungen) sind zweitrangig.

Wie können wir dafür sorgen, dass im Kern unserer MGs eine Jüngerschaftskultur entsteht? Wir schauen uns zuerst an, wie Jesus das gemacht hat. Aus

---

[2] Matthäus 16,18

[3] Matthäus 28,19-20

der grösseren Gruppe, die ihm nachfolgte, wählte er 12 Leute aus, die auf zielgerichtetere Weise mit ihm zusammensein und von ihm lernen sollten. Sie beobachteten, was er machte, hatten Tischgemeinschaft mit ihm und untereinander, redeten miteinander, spielten, beteten und arbeiteten zusammen. Schliesslich sandte Jesus sie aus, um zusammen einige Sachen zu machen, bei denen sie ihn vorher beobachtet hatten[4], und sie fingen tatsächlich an, die Sachen zu machen, die Jesus selbst gemacht hatte. Dann kamen sie wieder zusammen, und Jesus coachte sie[5], forderte sie heraus[6], ermutigte sie[7] und sandte sie erneut aus. Als sie zurückkehrten, hielt er eine Nachbesprechung mit ihnen, ermutigte und coachte sie und freute sich mit ihnen.[8]

Jesus zielte mit alldem darauf ab, seine Jünger zu befähigen, so zu sein wie er (Charakter) und solche Dinge zu tun wie er (Kompetenz). Sie sollten dieselbe Art von Innenleben haben wie Jesus selbst. „Ich versichere euch:", sagte Jesus zu ihnen in der letzten Phase seines Dienstes, „Wer an mich glaubt, wird die Dinge, die ich tue, auch tun; ja, er wird sogar noch grössere Dinge tun. Denn ich gehe zum Vater" (Johannes 14,12). Jesus hatte sich zum Ziel gesetzt, die Jünger zu befähigen, dieselben Sachen zu machen wie er, weil sie zu derselben Art von Leuten wurden.

Diese Dynamik sehen wir auch im Leben des Apostels Paulus. Als er auf seinen Reisen Gemeinden gründete (Gemeinschaften, die vermutlich den MGs stark ähnelten), war er immer mit einem Team unterwegs – mit Menschen, die er darin schulte, dasselbe zu tun wie er. In einem Brief an die Gemeinden in Korinth schreibt Paulus:

„Ich schreibe diese Dinge nicht, um euch in Verlegenheit zu bringen. Ich möchte euch nur wieder auf den richtigen Weg führen. Schliesslich seid ihr doch meine geliebten Kinder! Denn selbst wenn ihr Tausende von Erziehern hättet, die euch in eurem Christsein voranbringen, hättet ihr deswegen noch lange nicht tausend Väter. Dadurch, dass ich euch das Evangelium verkündet und euch zum Glauben an Jesus Christus geführt habe, bin ich euer Vater geworden. Daher bitte ich euch eindringlich: Folgt meinem Beispiel! Um euch

....

[4] Lukas 9,1-6

[5] Lukas 9,10

[6] Lukas 9,13

[7] Lukas 9,28-36

[8] Lukas 10,1-24

dabei zu helfen, habe ich Timotheus zu euch geschickt, den ich liebe, als wäre er mein eigener Sohn, und der mir ein zuverlässiger Mitarbeiter in meinem Dienst für den Herrn ist. Er wird euch die Grundsätze in Erinnerung rufen, nach denen ich meinen Weg mit Jesus Christus gehe" (1. Kor. 4,14-17).

Er forderte die Gläubigen in Korinth dazu auf, ihn so zu nachzuahmen, wie Kinder ihren Vater oder ihre Mutter nachahmen. Da er nicht selbst als Vorbild nach Korinth kommen konnte, schickte er Timotheus, weil dieser ihnen den Lebensstil von Paulus in Erinnerung rufen würde. Paulus sagte: „Ich kann jetzt nicht zu euch kommen, aber ich schicke jemanden, der wie ich geworden ist. Timotheus wird euch an mich erinnern, wie ein Sohn die Leute an seinen Vater erinnert, denn ich bin sein geistlicher Vater geworden, und er ist mein geistlicher Sohn." Ist das nicht eindrücklich?

Paulus legte Timotheus eindringlich nahe, dieses Abbildungsmuster fortzusetzen. **Jeder Nachfolger von Jesus sollte schlussendlich in der Lage sein, weitere Jesus-Nachfolger zu gewinnen.** Es ist Teil des Jüngerseins, Jünger zu machen. Dementsprechend schrieb Paulus an seinen Jünger Timotheus: „Gib die Botschaft, die du von mir gehört hast und deren Wahrheit dir von vielen Zeugen bestätigt wurde, an vertrauenswürdige und zuverlässige Menschen weiter, die ebenfalls fähig sind, andere zu lehren."[9] **Das sind vier Jüngergenerationen in einem Satz!** Paulus (erste Generation) investiert in Timotheus (zweite Generation), der in „zuverlässige Menschen" (dritte Generation) investiert, die wiederum in „andere" (vierte Generation) investieren sollen.

Jüngerschaft, so brachte es Dallas Willard zum Ausdruck, heisst einfach, mit Jesus zusammen zu sein und von ihm zu lernen, so wie Jesus zu sein.[10] Das können wir am besten in Gemeinschaft, in Beziehungen zu Menschen, die Jesus ähnlicher sind als wir — indem wir von ihnen lernen, sie beobachten, mit ihnen Leben gestalten; indem wir in einer Beziehung zu ihnen stehen, die gleichzeitig sehr herausfordernd und sehr ermutigend ist, und in der wir durch Nachahmen des „jesusmässigen Lebensstils" lernen, die Sachen zu machen, die Jesus machte. Dann laden wir andere dazu ein, uns so zu imitieren, wie wir Christus imitieren.[11]

....

[9] 2. Timotheus 2,2

[10] Ben Sternke, ein Mitglied unseres Teams, hörte diese Definition von Willard bei einem informellen Gespräch.

[11] 1. Korinther 11,1

Eine Kultur aufzubauen, in der diese Art von Prozess erwartet werden kann und normal ist – darin besteht das Endziel jeder MG, denn wir wollen die Art von Leben, zu der wir andere einladen, tatsächlich praktizieren.

Auch wenn die **Jüngerschaftskultur** nicht von Anfang an vollständig vorhanden ist, sollte jede MG vom ersten Moment an darauf hinwirken. Bei starker **Jüngerschaftskultur** wird auf natürliche Weise eine Vielzahl neuer Leiter herangebildet, und weil diese wie Jesus leben und auf den Heiligen Geist hören, werden sie weitere Jünger gewinnen und neue MGs mit derselben, von euch gegründeten **Jüngerschaftskultur** ins Leben rufen. Die von euch entwickelte Jüngerschaftskultur und die von euch betreuten **missionalen Leiter** wirken „unter der Oberfläche" als Fundament jeder wirksamen, fruchtbaren MG.

MISSIONALE GEMEINSCHAFTEN

MISSIONALE LEITER

JÜNGERSCHAFTSKULTUR

Wie können wir ganz praktisch dazu beitragen, dass die Jüngerschaftskultur das Kernstück der MG bleibt?

GEMEINSAME SPRACHE

Jesus schuf eine gemeinsame Sprache unter den Jüngern, indem er wieder und wieder Gleichnisse vom Reich Gottes erzählte. Diese häufig wiederholten bildlichen Darstellungen dienten als Sprache, mit deren Hilfe er unter seinen Nachfolgern eine Jüngerschaftskultur aufbauen konnte.

Dies stimmt genau mit folgender Feststellung der Soziologen überein: Sprache schafft Kultur. Wenn wir also die Entstehung einer Jüngerschaftskultur in unseren MGs anstreben, müssen wir bewusst eine gemeinsame **Jünger-schaftssprache** verwenden, die von allen verstanden und regelmässig gesprochen wird. Diese Sprache sollte ganz einfach und eingängig sein. Da die Leute heutzutage in ihrem Denken sehr visuell ausgerichtet sind, empfehlen wir zum Aufbau einer Jüngerschaftskultur die Verwendung der **LifeShapes**.[12]

Am Anfang solltet ihr euch das bewusst vornehmen. Beim Start kommt einem die Verwendung der Jüngerschaftssprache nicht natürlich vor. Wenn ihr aber den Wortschatz wiederholt anwendet und auch praktisch auslebt, entsteht unweigerlich eine Jüngerschaftskultur.

„Ich hatte zuerst ziemliche Widerstände gegen die Verwendung dieser Jüngerschaftssprache und der Shapes, durch die wir uns daran erinnern und die Sprache weitergeben sollten", sagte ein MGs-Leiter. „Shapes? Meint ihr das im Ernst? Ich liess mich aber darauf ein, das eine Weile auszuprobieren und konnte kaum glauben, wie hilfreich die Verwendung einer konsequenten Jüngerschaftssprache war. Dadurch veränderte sich die Kultur unserer MG schneller, als ich es mir hätte vorstellen können. Leute, die ich vorher zu nichts bewegen konnte, brachten plötzlich Ideen ein und fragten, ob sie damit loslegen könnten. Es war unglaublich."

Vor Kurzem kam eine Frau um die 40 in eine Gemeinde, in der diese Jüngerschaftssprache gesprochen wurde. Am Anfang fand sie das abschreckend und wollte sich nicht darauf einlassen. Sie nannte es „Jargon". Dann aber vertiefte sich ihre Beziehung zu einer der Leiterinnen, sie schloss sich einem Huddle (Gefäss für zielgerichtete Jüngerschaft und Leitertraining) an und merkte, als sie hörte, wie die Sprache in Beziehungen und im Leben bewusst eingesetzt (und nicht nur abstrakt darüber gesprochen) wurde, dass sie ihr sehr gute Dienste leistete. Jetzt versteht sie die Notwendigkeit und den Wert einer Jüngerschaftssprache und verwendet sie selbst, nicht nur informationshalber, sondern als Lebensstil.

Wir haben es immer wieder erlebt, in fast jeder denkbaren kulturellen Situation. Es ist zum Beispiel eindrücklich, wie durch das einfache Zeichnen eines Dreiecks und das Gespräch über ein Leben mit „UP/IN/OUT" eine Kultur ihren Anfang nimmt, in der die Leute sich ausgesandt („OUT")

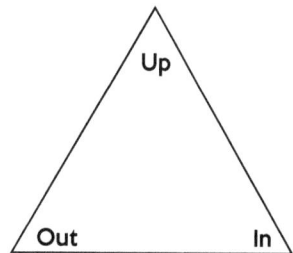

[12] Über LifeShapes erfährst du mehr in unserem Buch *Eine Jüngerschaftskultur aufbauen*.

fühlen — praktisch bevor sie erste Schritte machen! Wenn eine Jünger-schaftssprache konsequent vermittelt und angewendet wird, entsteht eine Jüngerschaftskultur.

GEMEINSAME RHYTHMEN

Abgesehen von der gemeinsamen Jüngerschaftssprache brauchen unsere MGs auch **gemeinsame Rhythmen** mit regelmässiger Teilnahme — festgeleg-te Muster, die der Gemeinschaft nach und nach ein Gefühl von Stabilität verlei-hen. Regelmässige Treffen, bei denen wir uns einbringen, formen unser Leben auf einer tiefen Ebene; sie beeinflussen unsere Denkweise, unsere Perspektive, unser Identitätsbewusstsein und unsere Ausrichtung. Wenn wir das Wachsen einer Jüngerschaftskultur erleben wollen, **müssen wir viel zusammen sein**, gemeinsam an Jüngerschaftsrhythmen teilnehmen, die darauf angelegt sind, unsere Beziehung zu Gott (UP), unsere Beziehungen untereinander (IN) und un-sere Beziehungen zu unserem Missionsumfeld (OUT) zu vertiefen. Wir können nur dann eine Jüngerschaftskultur entwickeln, wenn wir wirklich oft als erwei-terte Familie zusammenkommen. Darauf gehen wir gleich noch genauer ein.

LEITER BEJÜNGERN UND HUDDLE

Und schliesslich bekommen wir nur dann eine Jüngerschaftskultur, wenn je-mand die Verantwortung für ihre Leitung übernimmt. **Der/die Leitende einer MG muss Jüngermacher, nicht bloss Veranstaltungsorganisator sein.** Es ist Teil der Verantwortung als MGs-Leiter, nach potenziellen Leitenden Aus-schau zu halten und in sie zu investieren. Kriterien sind göttlicher Charak-ter, Fähigkeiten und die Frage, ob die- oder derjenige bereits andere positiv beeinflusst. Wir säen Multiplikation, indem wir diese Leute zur Leiterschaft befähigen und schulen. Lade potenzielle Leiter in eine bewusstere Jünger-schaftsbeziehung innerhalb der MG ein (indem du ihnen mehr Zugang zu deinem Leben gewährst und sie im Huddle anleitest). Setze sie in einem Leiter-schaftsteam in der MG ein. Übertrage ihnen zuneh-mend Verantwortung und lasse sie zunehmend in-nerhalb der MG als Leitende in Erscheinung treten.

DER/DIE LEITENDE einer MG muss Jüngermacher, nicht bloss Veranstaltungs-Organisator sein.

So wird der Same der Multiplikation in deiner MG ausgesät. Wenn diese Leiter charakterlich und kompetenzmässig wachsen, bekommen sie eine Sicht dafür, was Gott durch ihr Leben tun möchte. Neue MGs können das Licht der Welt erblicken, weil schon ein Leitender mit einer Vision bereit ist. Vergesst nicht: Bei der MG geht es nicht einfach darum, einen Raum zu schaffen, in dem Menschen Gemeinschaft erleben können. Wir sind dazu berufen, einen Beitrag zum Voranbringen von Gottes Reich zu leisten, indem wir Jünger machen, die zu Leitern werden und sich vervielfältigen, um noch mehr Jünger zu machen. Deshalb ist es so wichtig, im Kern deiner MG eine Jüngerschaftskultur zu haben. Ohne sie kommt es nie wirklich zur Multiplikation.

3

DIE GUTE NACHRICHT IM ZENTRUM

· ·

Ein zweites grundlegendes Element beim Start einer MG besteht darin, dass wir uns intensiv mit dem Evangelium befassen. Dafür gibt es verschiedene Gründe. Zum Ersten müssen wir eine ganz klare Vorstellung von den Aufgaben der MGs haben, denn sie sind nicht einfach besonders gut geeignete Gefässe, um Mitgliederzahlen in die Höhe zu treiben oder Dienstprojekte in der Gemeinschaft zu organisieren. Bei diesem Gefäss (und der Familie, die durch die MG entstehen soll und gemeinsam missionarisch unterwegs ist) **dreht sich alles um die gute Nachricht von Jesus**. MGs werden ins Leben gerufen, um Menschen anzuziehen und in ein neues Leben mit Christus zu führen. Es geht darum, Menschen in die Nachfolge von Jesus zu führen und zu erleben, wie sie auf diesem Weg in der Gemeinschaft transformiert werden. Wenn wir das Wesen des Evangeliums, wie es in der Gemeinschaft lebendig wird, nicht erfassen, verstehen wir nie wirklich, was wir durch die MGs freisetzen; ihr volles Potenzial bleibt dann ungenutzt.

> *„Die einzige Daseinsberechtigung der Kirche besteht darin, Menschen zu Christus zu ziehen, sie zu kleinen Christussen zu machen. Wenn das nicht geschieht, sind alle Kathedralen, Geistlichen, Missionseinsätze, Predigten, sogar die Bibel selbst, reine Zeitverschwendung. Gott ist aus keinem anderen Grund Mensch geworden."* — C.S. Lewis

MEHR ALS VERGEBUNG

Ein weiterer Grund dafür, dass wir auf das Evangelium fokussieren müssen, besteht darin, dass die meisten von uns eine verkürzte Version des Evangeliums übernommen haben, die nicht die ganze Geschichte der guten Nachricht von Jesus enthält. Wenn MGs „Gemeinschaften guter Nachricht" sein und das Evangelium wirksam verkündigen sollen, brauchen wir eine vollständigere, stabilere Vorstellung dessen, was das Evangelium wirklich ist. Verkünden wir beispielsweise ein Evangelium, bei dem es nur um Vergebung geht, bekommen wir normalerweise keine Jesus-Jünger. Stattdessen produzieren wir in der Regel „Vampir-Christen", um es mit dem Ausdruck von Dallas Willard zu sagen — Menschen, die sich bei Jesus nur für sein Blut interessieren.[13] Für Leute, die meinen, beim Evangelium gehe es nur darum, sich ihre Sünden vergeben zu lassen, damit sie eines Tages in den Himmel kommen, ist Jüngerschaft eine zusätzliche Aktivität ausserhalb des Lehrplans. Man ist nicht unbedingt dazu verpflichtet, Jesus nachzufolgen. Beim „Deal", auf den man sich eingelassen hat, handelt es sich nur um einen Vertrag, dass man nach dem Sterben in den Himmel kommt. Wir müssen ein vollständigeres, biblischeres Bild des Evangeliums wieder entdecken. Es ist nicht weniger als Vergebung (sie gehört sicher dazu), aber es ist noch viel *mehr*.

Das von Jesus und sämtlichen Verfassern des Neuen Testamentes verkündete Evangelium bedeutete einfach: **Das Leben im Reich Gottes steht allen zur Verfügung, die Jesus vertrauen.**[14] Die gute Nachricht lautet: Du kannst jetzt sofort ein neues Leben mit Gott anfangen, indem du Jesus und seinen Worten vertraust. Es handelt sich um die Einladung, jetzt an Gottes Leben teilzuhaben und mit ihm zusammen jetzt auf der Erde zu wirken. Leben unter Gottes Herrschaft steht jedem, der es will, zur Verfügung. Zutritt zu diesem Leben bekommen wir durch Vertrauen auf Jesus (das ist die Bedeutung von „an ihn glauben"). Diese gute Nachricht wurde von Jesus und den Aposteln gepredigt. Sündenvergebung gehört natürlich dazu (Gott sei Dank!), aber noch viel mehr.

BUND UND KÖNIGREICH

Worin besteht die praktische Umsetzung dieser Art von Verständnis des Evangeliums? Wie ihr vielleicht aus anderen, von uns veröffentlichten Materialien wisst, gründet sich unser Verständnis der Schrift im Kern auf zwei Themen, die sich durch die ganze Bibel ziehen: **Bund** und **Königreich**. Gleich zu An-

---

[13] In seinem herausragenden Werk The Divine Conspiracy bezeichnet Willard dieses Nur-Vergebungs-Evangelium als „Evangelium des Sünden-Managements". Er sagt, ein solches Evangelium „begünstige ‚Vampir-Christen', die nur ein bisschen Blut für ihre Sünden, aber sonst bis zum Himmel mit Jesus nichts mehr zu tun haben wollen" (S. 403, Nr. 8).

[14] Paulus verstand dies als „Bürgerrecht" (Philipper 3,20).

fang des 1. Buches Mose bis hin zur Offenbarung werden wir aufgefordert, zu Gott in **Beziehung** zu treten (Bund) und die **Verantwortung** zu übernehmen, ihn gegenüber anderen Menschen zu vertreten (Königreich). Im 1. Buch Mose sind Adam und Eva mit Gott in der kühlen Abendluft unterwegs (Bund), und sie erhalten den Auftrag, sich zu vermehren und somit die Erde zu füllen und Haushalterschaft für die Erde zu übernehmen (Königreich). Wenn wir uns das Leben von Jesus anschauen, sehen wir ihn beim Aufbau einer Jüngerschaftskultur, indem er den Menschen, die ihm nachfolgten, **eine Einladung in eine Bundesbeziehung** und **die Herausforderung** brachte, **an Gottes Mission für das Königreich teilzuhaben.** Dort, wo sich Menschen auf diese wunderbare Beziehung zu Jesus und auf das Abenteuer der Reich-Gottes-Mission einließen, ergab es sich ganz natürlich, dass die Jünger zu einer dynamischen **Gemeinschaft auf Mission** wurden. Ihre Abenteuer kann man vor allem in der Apostelgeschichte nachlesen.[15]

Das folgende Diagramm soll aufzeigen, welche Rolle diese Dinge bei Jesus und seinen Jüngern spielten.

BUND	und	KÖNIGREICH
BEZIEHUNG	und	VERANTWORTUNG
EINLADUNG	und	HERAUSFORDERUNG
GEMEINSCHAFT	auf	MISSION

Diese vollständigere, kräftigere Auslegung des Evangeliums, wie wir sie vertreten, entspricht auch unserem Fokus auf Bund und Königreich. Das zentrale Thema des Evangeliums ist die **Stellvertretung** Jesu für uns — dass er den Zorn, den wir verdient haben, auf sich genommen hat (Bund) sowie sein **Sieg** über die Mächte der Finsternis. Er hat den Feind, der uns gefangen hielt, besiegt (Königreich).

BUND	und	KÖNIGREICH
BEZIEHUNG	und	VERANTWORTUNG
EINLADUNG	und	HERAUSFORDERUNG
GEMEINSCHAFT	auf	MISSION
STELLVERTRETUNG	und	SIEG

....

[15] Wenn du Genaueres über diese Themen in der Bibel erfahren möchtest, lass dir von unserem Online-Shop auf www.weare3dm.com unser Buch *Covenant and Kingdom: The DNA of the Bible* zukommen.

Wie dies in der Bibel zum Tragen kommt, erkennen wir in Paulus' unten wiedergegebenen Erläuterungen zum Evangelium in Kolosser 2,13-15. **Stellvertretung** und **Sieg** werden nahtlos eingewoben, wie Fäden eines Wandteppichs, wie beide Seiten derselben Medaille:

> „Ja, Gott hat euch zusammen mit Christus lebendig gemacht. Ihr wart nämlich tot — tot aufgrund eurer Verfehlungen und wegen eures unbeschnittenen, sündigen Wesens. Doch Gott hat uns alle unsere Verfehlungen vergeben. Den Schuldschein, der auf unseren Namen ausgestellt war und dessen Inhalt uns anklagte, weil wir die Forderungen des Gesetzes nicht erfüllt hatten, hat er für nicht mehr gültig erklärt. Er hat ihn ans Kreuz genagelt und damit für immer beseitigt. Und die gottfeindlichen Mächte und Gewalten hat er entwaffnet und ihre Ohnmacht vor aller Welt zur Schau gestellt; durch Christus hat er einen triumphalen Sieg über sie errungen."

DIE GUTE NACHRICHT VOM SIEG JESU

Paulus beschreibt den **Sieg** von Jesus mit den Worten: „er hat die gottfeindlichen Mächte und Gewalten entwaffnet" und „ihre Ohnmacht vor aller Welt zur Schau gestellt, er hat am Kreuz über sie triumphiert". Paulus zeichnet hier das Bild von überführten Verrätern, die kurz vor der Exekution standen. Man liess sie öffentlich in Ketten durch die Strassen der Stadt laufen. So konnte sie jedermann sehen, bevor sie umgebracht wurden. Die Leute wohnten in Scharen diesem öffentlichen Spektakel bei und liessen sich auch die Folterung und den nachfolgenden Tod der Gefangenen nicht entgehen. Ihre Parade vor den Augen der Öffentlichkeit bedeutete, dass ihr Schicksal besiegelt war, auch wenn man sie noch nicht exekutiert hatte.

Die Leser von Paulus erinnerten sich wohl daran, dass Jesus so in aller Öffentlichkeit durch die Strassen geführt wurde, als er sein Kreuz zur Exekutionsstätte trug. Zunächst sah es nach einem Sieg des Bösen aus. Nach der Auferstehung wurde uns jedoch klar, dass Jesus den Spiess gegen Satan umgedreht und den Sieg errungen hatte — durch eben die Handlung, die nach Niederlage ausgesehen hatte. Es sah fast so aus, als hätte Gott Satan dazu gebracht, das Ganze zu überreizen. Die frühen Kirchenväter sagten, der Feind habe, als er Jesus mit seinem Schwert verletzte, das Schwert nicht mehr aus seinem Körper herausziehen können. Das Werkzeug des Bösen, das die gesamte Menschheit versklavt hatte, blieb im Körper von Jesus und entwaffnete somit auf wirksame Weise unseren Feind.

Das öffentliche Spektakel kehrte sich plötzlich. In Wirklichkeit war unser Feind entwaffnet und durch die Strassen geführt worden! Jetzt sind durch Jesu Tod und Auferstehung sämtliche Werkzeuge des Bösen und der Ungerechtigkeit, die die Menschheit geknechtet haben, besiegt: Tod, Sünde, Traurigkeit, Krankheit, Scham, Leid, Ungerechtigkeit, Unterdrückung. Jesus ist der Sieger! Er hat am Kreuz über das Böse triumphiert. Er ist unser Champion.

In den ersten etwa eintausend Jahren der Kirchengeschichte herrschte dieses Verständnis des am Kreuz Vollbrachten vor. Die entsprechende Bezeichnung war *Christus Victor* (das heisst: „Christus ist Sieger!"). Wenn Menschen über das Evangelium nachdachten, kam ihnen zuerst Gottes Sieg über die Mächte des Bösen durch das Kreuz Christi in den Sinn.

Dementsprechend besteht eine Facette der guten Nachricht für Menschen in der heutigen Zeit darin, dass Gott **durch den Tod und die Auferstehung von Jesus Christus den Sieg über alles errungen hat, das sie gefangen hält**. In Christus ist Freiheit! Weil derselbe Geist, der Christus von den Toten auferweckt hat, in uns lebt, vertreten wir Jesus, den siegreichen König. Und wenn wir jetzt Gottes Sieg über das Böse in unserem Leben und in unseren Gemeinschaften praktisch ausleben, können wir andere dazu einladen, diese Freiheit genauso zu erleben und zu geniessen wie wir.

Das ist Teil des Evangeliums, das wir den Menschen, die wir mit unseren MGs erreichen wollen, weitersagen: Christus ist Sieger über das Böse! Die ganze Heilung, die Erlösung und der Sieg, die wir eines Tages in ihrer Gesamtheit und Vollständigkeit im Himmel sehen werden, kommen *schon jetzt* auf die Erde. Die Welt bekommt ein anderes Gesicht, weil der Sieg des Reiches Gottes kommt. In unseren Gemeinschaften fangen wir an, seinen Willen zu tun wie im Himmel. Als Volk Gottes sind wir herausgefordert darauf zu achten, dass unser Leben die von uns verkündete Freiheit zum Ausdruck bringt. Wir müssen dafür sorgen, dass die Botschaft unseres Lebens mit der Botschaft unserer Worte übereinstimmt.

DIE GUTE NACHRICHT VON JESU STELLVERTRETUNG

Paulus erläutert in diesem Abschnitt eine weitere Facette des Evangeliums, die **Stellvertretung**. Er sagt: Gott hat uns unsere Sünden vergeben und uns mit Christus lebendig gemacht, als wir aufgrund unserer Verfehlungen tot waren. „Gott hat uns alle unsere Verfehlungen vergeben. Den Schuldschein, der auf unseren Namen ausgestellt war und dessen Inhalt uns anklagte, weil wir die Forderungen des Gesetzes nicht erfüllt hatten, hat er für nicht mehr gültig erklärt. Er hat ihn ans Kreuz genagelt und damit für immer beseitigt."[16] Durch die **Stellvertretung** von Jesus für uns sind unsere Sünden vergeben! Viele von uns verstehen das, was am Kreuz vollbracht wurde, hauptsächlich so, weil seit der Reformation das Evangelium vor allem durch die Stellvertretung zum Ausdruck gebracht wurde.

Wir sehen hier, dass Jesus am Kreuz nicht nur den Sieg über das Böse errungen hat, sondern auch an unsere Stelle getreten ist. Er hat unsere Sünden vergeben und die gegen uns erhobenen Anklagen ausgeräumt. Er tat für uns, wozu wir selbst nicht in der Lage waren. Die Anklagen gegen uns waren zu schwer, wir konnten nicht dagegen angehen. Die von uns begangenen Sünden hatten zwischen uns und unserem himmlischen Vater, der auch Richter ist, eine trennende Mauer aufgerichtet. Wir sind dazu erschaffen, in einer Bundesbeziehung mit ihm zu leben. Diese wurde aber durch die Sünde getrennt, und wir können nichts machen, um den Schaden zu reparieren und die Kluft zu überwinden.

Die Konsequenzen müssen erfolgen, aber der Richter erlaubt einem **Stellvertreter**, die Strafe für unsere Sünden und Verfehlungen auf sich zu nehmen, und er schenkt uns Gnade und Vergebung. Alles Trennende ist mit einem Schlag ausgeräumt, und wir können wieder in der Bundesbeziehung zu unserem Vater und seiner Familie leben. Dies ist der **stellvertretende** Aspekt der guten Nachricht von Jesus: dass wir Sündenvergebung bekommen und durch Jesu Tod und Auferstehung wieder in die lebensspendende Bundesbeziehung zu unserem Vater treten können. In Christus ist Vergebung! Du musst Gott nichts zurückbezahlen. Er vergibt dir einfach und heisst dich als Mitglied seiner Familie mit offenen Armen wieder willkommen. Das sind wahrlich gute Nachrichten für Menschen, die damit kämpfen, dass sie durch die Sünde von Gott und ihren Mitmenschen entfremdet sind.

....

[16] Kolosser 2,13-14

DIE FÜLLE DES EVANGELIUMS IN ANSPRUCH NEHMEN

Das vollumfängliche biblische Evangelium umfasst also **Stellvertretung** und **Sieg**, Sündenvergebung und Befreiung aus der Knechtschaft. Problematischerweise betonen wir meistens das eine auf Kosten des anderen und haben zum Schluss ein „Miniatur"-Evangelium. Es kann dem, was es bewirken sollte, nicht mehr gerecht werden. Wir müssen lernen, beide Aspekte des Evangeliums zum Ausdruck zu bringen: den Bundesaspekt der **Stellvertretung** und den Reich-Gottes-Aspekt des **Sieges**. Wir wollen uns das folgendermassen vor Augen führen:

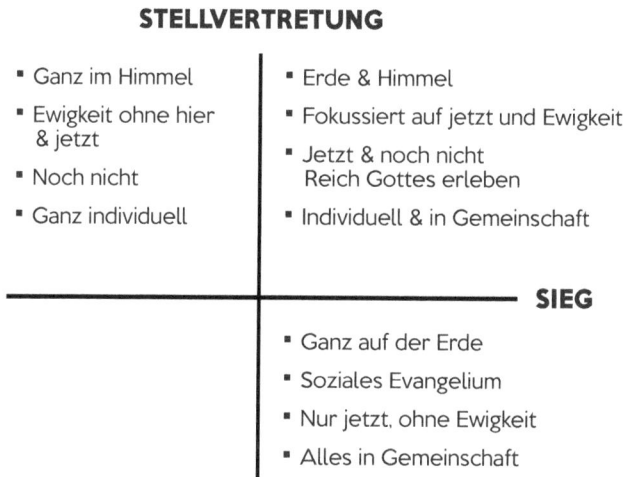

STELLVERTRETUNG

• Ganz im Himmel	• Erde & Himmel
• Ewigkeit ohne hier & jetzt	• Fokussiert auf jetzt und Ewigkeit
• Noch nicht	• Jetzt & noch nicht Reich Gottes erleben
• Ganz individuell	• Individuell & in Gemeinschaft

SIEG

• Ganz auf der Erde

• Soziales Evangelium

• Nur jetzt, ohne Ewigkeit

• Alles in Gemeinschaft

Auf unserer Entdeckungsreise mit den MGs müssen wir dieses vollständige Bild des Evangeliums in Anspruch nehmen und ausleben. Was bedeutet es für eine Familie, die gemeinsam missional unterwegs ist, **Stellvertretung** und **Sieg** im Zentrum ihres Handelns zu haben? An *Vergebung* und *Befreiung* zu glauben und sie auszuleben?

Wenn es zum Beispiel einen Konflikt in unserer Gemeinschaft gibt, versuchen wir nicht, ihn unter den Teppich zu kehren oder ihm aus dem Weg zu gehen. Vielmehr stellen wir uns dem Konflikt nach biblischem Massstab (Matthäus 18,15-35), das heisst, wir trachten danach, dass alle Beteiligten Versöhnung und Vergebung erfahren können, so wie Gott es für uns durch Christus gemacht hat. Hier zeigt sich eine Auswirkung des Evangeliums der **Stellvertretung**: die gute Nachricht, dass wir durch Vergebung wieder in Beziehung zu Gott und zueinander treten können. Sind Leute aus unserer Gemeinschaft krank, zucken wir nicht einfach mit den Schultern und hoffen, dass es ihnen

WANN HAT DICH zum letzten Mal jemand nach dem Grund für deine Hoffnung (oder Glauben oder Liebe) gefragt?

bald besser geht. Nein, wir stellen uns als Familie um sie herum, umgeben sie mit Gebet um Heilung und trachten nach Gottes **Sieg** über die Krankheit für sie. Warum? Weil Jesus die Krankheit am Kreuz besiegt hat, und wir möchten, dass die Vollkommenheit des Himmels heute auf die Erde kommt (so wie Jesus uns zu beten gelehrt hat).

Wenn wir das Evangelium ausleben und verkörpern, müssen wir auch bereit sein, „jedem Rede und Antwort zu stehen, der euch auffordert, Auskunft über die Hoffnung zu geben, die euch erfüllt" (1. Petrus 3,15). Wir müssen bereit sein, die gute Nachricht weiterzusagen, wenn sich Gelegenheit dazu bietet; natürlich freundlich und respektvoll, aber auch klar und mutig. Hier liegt aber eine Herausforderung für uns: **Wann hat dich zum letzten Mal jemand nach dem Grund für deine Hoffnung (oder Glauben oder Liebe) gefragt?** Man kann leicht zu viel Energie darauf verwenden, sich Antworten auf Fragen zu überlegen, die niemand stellt, anstatt den Fokus darauf zu richten, authentisch und treu nahe genug bei den Menschen zu leben, die uns tatsächlich ein paar Fragen zu unserer Hoffnung stellen könnten!

Wie würden wir den Menschen, die wir erreichen möchten, das Evangelium aus dem Blickwinkel der **Stellvertretung** erklären? Aus dem Blickwinkel des **Sieges**?

Wir sollten bereit sein, beides zu machen – je nach Situation. Menschen, die Jesus noch nicht kennen, werden vom einen oder vom anderen mehr angezogen sein. **Die „Eingangstür" der Leute für die Errettung ist für gewöhnlich entweder die gute Nachricht von der Stellvertretung oder die gute Nachricht vom Sieg, und dann nehmen sie im *Jüngerschaftsprozess* beides in Anspruch.**

ZWEI BILDER FÜR DAS WEITERSAGEN DER GUTEN NACHRICHT

Damit ihr euch umfassender vorstellen könnt, wie das aussehen könnte, möchten wir euch ein paar Beispiele aus der Werbung geben. Wir können anhand dessen einen Blick auf Wünsche und Sehnsüchte in unserer Kultur werfen, die eine Verbindung zum Evangelium herstellen. Diese Werbespots sprechen das Verlangen nach Bundesgemeinschaft und Reich-Gottes-Mission an, das im Herzen jedes Menschen verankert zu sein scheint.

Der erste Spot wurde vor ein paar Jahren von Walmart und Coca-Cola in der Weihnachtszeit lanciert. Wir sehen einen jungen Mann, der in seinem Haus gut gelaunt seine unterschiedlichen Gäste mit Getränken versorgt. Während er so durchs Haus läuft, singt er:

> Es ist wieder Weihnachtszeit,
> Und ich lade alle meine Freunde ein.
> Die Menschen, die mir nahestehen,
> Sie sind meine erweiterte Familie. [17]

Sie können nicht sehen, dass überall um uns herum Grenzen sind.[18]

Der Spot endet mit den Worten „Geh vorwärts" an einem offenen Himmel. Hier wird das Verlangen der Menschen angesprochen, etwas Entscheidendes zu bewirken, Teil einer Geschichte zu sein, die grösser ist als ihre eigene; die Suche nach einem höheren Sinn, der ihrem Leben Bedeutung und Ausrichtung gibt. Der zugrundeliegende Gedanke ist hier, dass man das irgendwie durch das Tragen einer bestimmten Jeansmarke erreichen kann, was albern ist. Aber das „Reich-Gottes"-Evangelium kommt auch hier zum Ausdruck: die gute Nachricht, dass wir Sinn und Bedeutung finden können, wenn wir uns etwas Grösserem als uns selbst überlassen.

MGs existieren letztendlich, um Menschen für ein Leben mit Christus zu gewinnen. Die entscheidende Phase bei unserer Evanglisation ist somit die Jüngerschaft, nicht einfach die Bekehrung. Das von uns verkündete Evangelium besteht darin, dass jeder ein neues Leben mit Gott empfangen (Bund) und lernen kann, ihn anderen gegenüber zu vertreten (Königreich). Du kannst zu Gottes Familie gehören und eine Aufgabe innerhalb der Mission dieser Familie übernehmen.

Wie nehmen wir diese Einladung an? W**ir werden Jesus-Nachfolger.**

MGs sind einfach Familien auf Mission, die zusammen Jesus nachfolgen. Sie erzählen anderen Menschen alles über dieses neue Leben (Apg. 5,20) und laden sie ein, mit ihnen zusammen Jesus nachzufolgen. Schlussendlich sind MGs **Evangeliumsgemeinschaften**, in denen die gute Nachricht von Jesus verkörpert und verkündet wird. Es sind **Jesus-Gemeinschaften**, in denen Menschen darin trainiert werden, Jesus gemeinsam nachzufolgen, **Leib**

---

[17] Hier könnt ihr diesen Werbespot im Internet anschauen: http://vimeo.com/33548978.

DU KANNST ZU Gottes Familie gehören und eine Aufgabe innerhalb der Mission dieser Familie übernehmen. Wie nehmen wir diese Einladung an? Wir werden Jesus-Nachfolger.

Christi zu werden und den Menschen in der eigenen Umgebung zu dienen wie Jesus. Evangelisation bedeutet einfach: Wir laden Leute ein, sich uns anzuschliessen, während wir das machen.

Wenn du über das Evangelium nachdenkst, denke an deine eigene unmittelbare Familie oder dein Beziehungsnetzwerk. Misst du dem einen Aspekt mehr Bedeutung bei als dem anderen? Wie würde es aussehen, stärker im ganzen Evangelium zu leben? Wie würde die „gute Nachricht" für die Leute in deinem missionarischen Umfeld aussehen? Wie kannst du heute damit anfangen, dich in diese Richtung zu bewegen, das heisst, die gute Nachricht von Jesus im Hinblick auf Bund und Königreich auszuleben? Diese wichtigen, grundlegenden Fragen müssen wir uns bei der Bildung und beim Pflegen unserer bundesmässigen erweiterten Familien mit Reich-Gottes-Mission stellen.

---

[18] Diesen Werbespot kann man im Internet sehen auf: http://www.youtube.com/watch?v=2YyvOGKu6ds

4

DEN MENSCHEN
DES FRIEDENS FINDEN

. . . .

Bisher haben wir uns mit zwei von vier der grundlegenden Schlüsselelemente einer missionalen Gemeinschaft befasst:

1) MGs sind Jüngerschaftsgemeinschaften (im Kern wird eine **Jünger-schaftskultur** aufgebaut).

2) MGs sind Evangeliumsgemeinschaften (sie verkörpern und verkünden das **Evangelium**).

Ein drittes grundlegendes Prinzip besteht darin, die von Jesus ausgelebte **Evangelisationsstrategie „Mensch des Friedens"** zu verstehen und umzusetzen. Der Rhythmus eurer MG soll den von euch aufgebauten Beziehungen zu **Menschen des Friedens** entspringen. Wie wichtig dies ist, kann man gar nicht genug betonen.

Jesus hat seine Strategie in Lukas 10,1-16 erläutert. Hier brachte er seinen 72 Nachfolgern bei, wie man die Menschen in den Städten und Dörfern, die er besuchen wollte, vorbereitet.[19] Ein wichtiger Teil seiner Strategie bestand darin, dass die Jünger ihren Einsatz auf einen **Mensch des Friedens** (in der New International Version übersetzt als „a person who promotes peace" = ein Mensch, der Frieden fördert) fokussierten. Als Mensch des Friedens galt jemand, der diese Jünger von Jesus bei sich zu Hause willkommen hiess, für die Botschaft, die sie überbrachten, offen war und ihnen diente. Jesus wies sie an, sobald sie so jemanden gefunden hatten: „Bleibt in dem Haus, in dem

. . . .

[19] DEs gibt ähnliche Abschnitte in Lukas 9 und Matthäus 10.

man euch aufnimmt. Esst und trinkt, was man euch dort gibt … Geht nicht von Haus zu Haus, um eine andere Unterkunft zu suchen." (Lukas 10,7) [20]

Wir ermutigen Leute, in ihrem ganz normalen Leben mit dieser Strategie zu starten. Halte in deinem Alltagsleben Ausschau nach Menschen, die wissen, dass du Jesus nachfolgst und dich willkommen heissen, dir zuhören, dir gegenüber offen sind und dir in irgendeiner Form dienen möchten. Sie interessieren sich für dich und dafür, wie du tickst. Sie wissen, dass du Christ bist und sind dir und deiner Mission gegenüber offen. Vielfach dienen sie dir oder deiner Gemeinschaft auf die eine oder andere Art (z.B. Babysitting während einer Gemeindeveranstaltung, Aufräumen nach einem Nachbarschaftsgrillfest, oder sie schenken dir etwas).

Das sind Menschen des Friedens.

Eine Frau, die wir kennen, begegnete zum ersten Mal einem Menschen des Friedens auf ihrem Hundespaziergang. Sie fing einfach ein Gespräch mit einer anderen Hundebesitzerin an. Die beiden stiessen auf verschiedene gemeinsame gesellschaftliche Interessen. Weitere Unterhaltungen bei einer Tasse Kaffee folgten. Diese Frau des Friedens bot ihr schliesslich ihr geschäftliches Knowhow für den Aufbau der Gemeinschaft in der Gemeinde an. Das ist ein Mensch des Friedens: Die Frau hiess sie willkommen, hörte ihr zu und diente ihr.

Entscheidend an der Mensch-des-Friedens-Strategie ist: Sie ist nicht rein pragmatisch. Hier geht es um mehr als eine bequeme Art und Weise, Menschen zum Bejüngern zu finden. **Auf diesem Weg könnt ihr feststellen, was Gott in eurem missionalen Umfeld bereits tut.** Lasst mich erklären warum: Ein Mensch des Friedens ist nicht einfach jemand, der dich mag. Jesus hat uns gesagt: „Wer auf euch hört, hört auf mich". Wenn wir also Jesus vertreten, zeigen uns diese Leute, dass **sie sich für Jesus interessieren!** Gott hat schon in ihrem Leben gewirkt und ihre Herzen auf die gute Nachricht von Jesus vorbereitet. Deshalb „bleiben wir bei ihnen". Dadurch treten wir in das ein, was Gott in ihrem Leben tut und arbeiten mit dem Heiligen Geist zusammen. **Einen Menschen des Friedens zu finden heisst, zu entdecken, wo Gott in deinem Quartier oder in dem Beziehungsnetzwerk, das du erreichen möchtest, schon wirkt.**

....

[20] In unserem Buch *Eine Jüngerschaftskultur aufbauen* findet ihr eine wesentlich ausführlichere Erläuterung dieser Strategie von Jesus.

Der erste Schritt besteht immer darin, in dem Quartier oder Netzwerk, das wir erreichen möchten, Menschen des Friedens zu erkennen. Dann „bleiben wir dort", wie Jesus sagte, finden heraus, wie wir als Gemeinschaft bewusst Zeit mit diesen Menschen des Friedens verbringen können, und bringen sie auf sensible Art und Weise mit unterschiedlichen „Reich-Gottes-Erfahrungen" in Kontakt (Freude in der Gemeinschaft, Freundlichkeit, Unterstützung, Spass, Zeugnisse von Gottes

EINEN MENSCHEN

des Friedens zu finden heisst, zu entdecken, wo Gott in deinem Quartier oder in dem Beziehungsnetzwerk, das du erreichen möchtest, schon wirkt.

Wirken in unserem Leben, gemeinsame Mahlzeiten, Gebets- und Anbetungszeiten usw.). Ihr ladet sie einfach zu dem ein, was ihr als Gemeinschaft macht. Wenn sie dann die ersten Fragen stellen, erklärt ihr ihnen, was da passiert, mit den Worten von Jesus: „Das Reich Gottes ist nahe zu euch gekommen!" Anders ausgedrückt erklären wir ihnen das, was sie erleben, indem wir die gute Nachricht verkünden: „Gott ist dir nahe, und er liebt dich. Du kannst mit ihm in seinem Reich ein neues Leben starten, wenn du Jesus vertraust. Komm und folge mit uns Jesus nach!"

Wenn uns wirklich klar wird, wie Gott durch Menschen des Friedens wirkt, wird das Evangelisieren viel einfacher als wir es uns oft vorstellen.

„Dieses Prinzip vom Mensch des Friedens zu entdecken, hat mich enorm befreit", meinte eine MG-Leiterin aus dem Mittleren Westen. „Ich merkte, dass ich aufgrund früherer, verletzender Erlebnisse einen grossen Bogen um Evangelisation machte. Jetzt spüre ich nicht mehr den Druck, Leute überzeugen zu müssen. Ich fühle mich frei, einfach nach dem Menschen Ausschau zu halten, den Gott jeweils gerade vorbereitet!"

Das ist das Geniale an Jesus: Seine Evangelisationsstrategie macht Spass.

Grundsätzlich besteht sein „grosser Plan" darin, mit Menschen, denen du sympathisch bist, Freizeit zu verbringen und dann Antworten auf ihre Fragen zu geben, wenn Gott in ihrem Leben am Wirken ist. Erfrischend daran ist, dass wir Mission „unterwegs" machen können. Sie wird Teil unserer normalen Kontakte zu Arbeitskollegen, Freunden und Nachbarn. Sie ist keine zusätzliche Aufgabe mehr, die wir noch in unser ohnehin schon ausgefülltes Leben stopfen müssen. Entdecke die Leute in deinem Umfeld, bei denen Gott schon wirkt und werde Teil von Gottes Wirken!

Es ist nicht kompliziert. Es ist wirklich so einfach.

Das ist wichtig, weil sich MGs manchmal in ihren Rhythmen und Veranstaltungen so stark einnisten, dass sie kaum Gedanken an die Menschen des Friedens in ihrem Leben verschwenden. Unbewusst kann das dazu führen, dass Veranstaltungen und Aktivitäten auf dem Programm stehen, die Menschen des Friedens, auf die Gott aufmerksam machen möchte, *ausschliessen*. So tun die MGs schlussendlich „Gutes" auf Kosten der Sachen, die sie als Gemeinschaft mit ihren Menschen des Friedens in Kontakt bringen würden. **Deshalb sollte es für eine MG oberste Priorität haben, Menschen des Friedens zu finden, die Gott im Viertel oder Beziehungsnetzwerk, das erreicht werden soll, vorbereitet.** Nach dem Entdecken der Menschen des Friedens seht ihr klarer, wie Gott in eurem Missionsumfeld am Wirken ist, und ihr könnt besser entscheiden, welche Rhythmen als Nächstes dran sind.

Allgemein gesagt sollten die ersten Rhythmen eurer MG darauf angelegt sein, Menschen des Friedens zu *finden*. Wenn ihr sie gefunden habt, sollte der neue Fokus eurer Rhythmen darin liegen, in die von euch entdeckten Menschen des Friedens zu *investieren*, weil ihr jetzt deutlicher sehen könnt, wie Jesus am Wirken ist. Diese Leute werden dann ihr ganzes Beziehungsnetzwerk für euch öffnen.

Wenn du meinst, du kennst keinen Menschen des Friedens, solltest du vielleicht mehr nach aussen gehen! Such dir ein Hobby, fang mit Sport an, geh jeden Tag in dasselbe Café, entdecke Möglichkeiten, mit mehr Menschen, die noch nicht Christen sind, näher in Kontakt zu kommen, fang an, mehr zu lächeln und grüsse deine Nachbarn. Entdecke Möglichkeiten, Teil des Nachbarschafts- oder Netzwerkgefüges, das du erreichen möchtest, zu werden. Gott ist immer am Wirken. Meistens geht es nur darum, unsere Augen und Ohren etwas bewusster offen zu halten für das, was wir für ihn tun sollen.

5

ORGANISIERT UND ORGANISCH

. . . .

Bisher haben wir uns mit drei grundlegenden Prinzipien befasst:

1) MGs sind Jüngerschaftsgemeinschaften (im Kern wird eine **Jünger-schaftskultur** aufgebaut).

2) MGs sind Evangeliumsgemeinschaften (sie verkörpern und verkünden das **Evangelium**).

3) MGs finden Menschen des Friedens (entdecken, wo Gott **schon am Wirken ist**).

Ein letztes grundlegendes Prinzip, das beim Start einer MG eine wichtige Rolle spielt, ist unser **verbindliches Engagement für die organisierten und für die organischen Bestandteile** unseres Gemeinschaftslebens. Der grösste Fehler, den man vermutlich in der Anfangsphase einer MG machen kann, besteht darin, sie in erster Linie als Ort zu sehen, an dem Veranstaltungen geplant und Programme durchgeführt werden. Wenn man eine MG so plant und organisiert, wird sie immer übermässig strukturiert und programmlastig wirken. Schlussendlich fühlen sich alle gestresst, weil zu einer ohnehin schon vollen Woche noch mehr Programmpunkte kommen. Meistens verpufft nach ein paar Monaten der Elan, weil die MG so schwerfällig und betriebsaufwändig ist.

Eine MGs-Leiterin, die in diese Falle getappt ist, beschreibt das folgendermassen:

„In der ersten MG unter meiner Leitung hatten wir auf dem Papier einen unserer Meinung nach brillanten (aber komplexen!) Plan. Wir wollten jede Menge Veranstaltungen aufgleisen. Aber nach ungefähr sechs Monaten voller Veranstaltungen war ich ausgebrannt, und das Gleiche galt für die Leute in meiner MG. Und zu allem Übel passierte eigentlich nichts Entscheidendes für das Reich Gottes.

Damals kam mir eine Kleingruppe in den Sinn, die ich einige Jahre zuvor geleitet hatte. Wir trafen uns einfach regelmässig am Donnerstagabend als Kleingruppe und verbrachten noch ziemlich viel Freizeit, einfach „for fun", mit denselben Leuten. Das Zusammensein in der Freizeit folgte keinem Zeit- oder Aktivitätenplan. Wir waren einfach gern zusammen und trafen uns deshalb. Nach 15 Monaten war diese Gruppe von vier auf 35 Leute gewachsen, und ein paar waren zum Glauben gekommen. Plötzlich wurde mir klar, dass ich schon einmal eine MG geleitet hatte, ohne dass es mir bewusst gewesen war. Mir begann auch zu dämmern, wie kompliziert ich das Ganze anging und wie die Veranstaltungen für mich in den Mittelpunkt gerückt waren. Worin lag der Grund für das starke Wachstum unserer Kleingruppe? Wir engagierten uns genauso verbindlich für den geplanten Donnerstagabend wie für das informelle Zusammensein an anderen Tagen und für das gegenseitige Anteilnehmen an unserem Leben. Wir hatten ‚ganz nebenbei' eine erweiterte Familie mit Jesus im Mittelpunkt geschaffen. Das war ansteckend und die Gruppe wuchs ‚von ganz allein'."

MGs funktionieren *nie*, wenn man versucht, sie dem eigenen Leben noch „anzuhängen". Diese gedankliche Veränderung fällt vielen Leute schwer, weil viele von uns alles im Zusammenhang mit „Kirche" vor allem durch die Linse von Veranstaltungen und Programmen sehen. Wir hören von MGs und stellen sie uns automatisch in erster Linie als neues, probeweise von der Gemeinde eingeführtes Programm oder als neue Veranstaltungsart zum Ausprobieren vor. **MGs funktionieren nie wirklich, wenn wir sie als Programme oder Veranstaltungsreihen behandeln.**

NICHT VERANSTALTUNGEN, SONDERN LEBENSSTIL

Wir haben bereits erläutert, dass die MGs Stützräder sind, mit denen wir das *Oikos*-Fahrrad zu fahren lernen. Es geht uns somit mehr um die Beschaffenheit des Zusammenlebens in der Familie als um gemeinsame Teilnahme an Veranstaltungen. **Wenn du an MGs denkst, denke an Lebensstil, nicht an Veranstaltungen.**

Eine MG wollte arme Leute in der Stadt erreichen, die in einer Siedlung des sozialen Wohnungsbaus lebten. Die Leute von der MG trugen farbige T-Shirts und starteten wöchentlich alle möglichen regelmässigen Aktivitäten: Abfall einsammeln, Gärten anlegen, Beschäftigung für die Kinder aus der

WENN DU AN MGS denkst, denke an Lebensstil, nicht an Veranstaltungen.

Siedlung. Problematisch daran war, dass ihre Interaktion als Gemeinschaft ausschliesslich auf diesen Veranstaltungen beruhte. Es entstand kein besonders starkes Gefühl von Zusammenhalt, wenn sie miteinander im Einsatz waren. Die Leute aus der MG beteiligten sich im Laufe der Zeit eher sporadisch an den Aktivitäten. Was fehlte, waren inneres Engagement und Regelmässigkeit. Sie waren ab und zu im Rahmen der Programmpunkte missionarisch unterwegs, bildeten dabei aber keine echte *Gemeinschaft*. Die *organisierte* Seite der MG hatten sie ziemlich gut im Griff. Die *organische* Seite hingegen wurde nicht praktiziert.

Stelle dir im Gegensatz dazu einmal kurz deine Familie im engeren Sinn oder deinen Freundeskreis vor. Wahrscheinlich siehst du die mit ihnen verbrachte Zeit nicht als Veranstaltungsreihe, an der du teilnehmen musst (oder die du auslassen kannst, wenn du zu viel zu tun hast). Normalerweise sagen wir kaum zu unseren Freunden: „Wir haben uns diese Woche schon einmal getroffen, warum sollen wir nochmal zusammenkommen?"

Es geht um unsere Freunde. Es macht uns Spass, sie zu treffen. Das ist für uns nicht nochmal ein Abend, der besetzt ist; es ist keine Verpflichtung, keine Veranstaltung, die wir besuchen sollten.

Auch wenn wir an unsere Familien denken, denken wir nicht in erster Linie an eine Anzahl Veranstaltungen pro Woche, die wir gemeinsam besuchen. Wir leben mit ihnen zusammen! Unser Leben miteinander hat ein Grundgefüge, das sich nicht einfach durch „Veranstaltungen" definieren lässt. Teil einer Familie zu sein ist eine viel umfassendere und bedeutsamere Realität als die gemeinsame Teilnahme an Veranstaltungen. Zusammen sind wir Teil eines organischen „Lebensstils".

So funktionieren Familien.

Inmitten der *organischen* Realität des Zusammenlebens haben aber gesunde Familien auch einen *organisierten* Anteil. Mit anderen Worten: Zum Familienleben gehören auch „Veranstaltungen", aber wir sehen sie aufgrund unseres gemeinsamen Lebens unter einem anderen Blickwinkel. Diese Dynamik zeigt, dass dem Funktionieren von Familien ein Gefüge zugrunde liegt, dem wir beim Start einer MG Rechnung tragen sollten:

$$\longleftarrow \qquad\qquad\qquad\qquad\qquad\qquad \longrightarrow$$

Organisiert   Organisch

Familien bewegen sich in einem Spektrum der *organisierten* und *organischen*, der *strukturierten* und *spontanen* Aspekte des Zusammenlebens. Viele Familien in unserer Bewegung verbringen beispielsweise beim Frühstück und/ oder Abendessen regelmässig strukturierte Zeiten zusammen. Dazu kommen weitere geplante Punkte wie Familienabende oder Ausflüge. Dazwischen finden spontane Interaktionen statt, welche die organisierte Zeit mit mehr Inhalt füllen: Gespräche im Flur, Interaktion beim gemeinsamen Kochen, Spiele machen oder einfach in demselben Raum zusammen sein ohne bestimmte Absicht oder gemeinsame Aktivität.

Denken wir einmal daran, wie viele erweiterte Familien eine Thanksgiving-Party gestalten oder zusammen Weihnachten feiern. Diese Zusammenkünfte bestehen aus strukturierten Elementen (Abendessen um eine bestimmte Zeit, eine Partie Touch-Football am Nachmittag, Geschenke auspacken vor dem Essen, Weihnachtslieder singen usw.). Es ist aber auch noch viel Zeit übrig für *spontane* Interaktion und einfaches Zusammensein. Der Rhythmus besteht aus *organisierten* und *organischen* Aspekten. Das Teilhaben an beidem ist für Familien wichtig.

Es wäre komisch, wenn ein Familienmitglied direkt nach dem Abendessen aufbrechen würde, wenn es keine offiziellen Programmpunkte mehr gibt. Nicht an der Thanksgiving-Party teilzunehmen, weil man müde ist oder keine Lust hat, wäre auch komisch. **Die Zugehörigkeit zu einer Familie geht einher mit einem Engagement für die strukturierten wie für die spontanen Elemente des gemeinsamen Familienlebens.**

Die strukturieren Zeiten liefern den spontanen Zeiten Stoff und zehren von ihnen, und umgekehrt. Gäbe es keine strukturierten Momente, würde es dem spontanen Zusammensein an Reichtum fehlen. Gäbe es keine spontanen Sachen, würden die strukturierten Punkte schlussendlich zur Pflichtübung. **Familien brauchen das Organisierte und das Organische, damit das Ge-**

füge des Zusammenlebens entstehen kann. Genau so ein Gefüge mit einem Gleichgewicht organisierter und organischer Elemente brauchen die MGs, damit sie zu Orten werden können, an denen Leute erleben wie es ist, als erweiterte Familie missionarisch unterwegs zu sein.

Man kann es nicht deutlich genug sagen:

Wenn eure MG nur von organisierten Veranstaltungen lebt, wird sie scheitern.

Wenn sich eure MG nur für das organische „Abhängen" engagiert, wird sie scheitern.

Engagement für beides ist gefragt. Die Durchmischung von beidem schafft Kultur und ermöglicht unserer MG, zum Oikos zu werden, zu einer voll funktionsfähigen erweiterten Familie auf Mission. Jetzt kommt ein wichtiger Punkt: Wir alle sind besser im einen oder im anderen. Jeder von uns tendiert von Natur aus eher zu Struktur oder zu Spontanität. Überlege dir einmal: Wozu neigst du automatisch? Bist du von Natur aus strukturiert? Oder eher spontan? Deine MG sollte nicht einfach deine natürliche Tendenz widerspiegeln. Wenn eine MG gelingen soll, musst du bewusste Anstrengungen in dem Bereich unternehmen, der dir nicht einfach gegeben ist. Wir alle lernen dabei, wir wachsen und können dann unser Leben in den *organisierten* wie in den *organischen* Anteilen des Gemeinschaftslebens führen.

Ein Leiter, den wir kennen, erzählt oft, wie er zum ersten Mal zu diesem Gleichgewicht gefunden hat:

> „Wir hatten über das Engagement für alle Aspekte des Familienlebens gesprochen. Nicht nur für die organisierten Zeiten, in denen wir uns treffen, sondern auch für die spontanen Momente, die einfach so entstehen und typisch für jede Familie sind. Ich werde nie vergessen, wie ich einmal an sieben oder acht Leute, in die wir investiert hatten (und die uns bei der Leitung der MG unterstützt hatten), eine SMS geschickt hatte. Ich hatte einfach geschrieben: ‚Unsere Familie geht um 18 Uhr zu Chipotle. Wollt ihr mit uns zusammen essen? Bringt eure Kinder und Menschen des Friedens mit.' Wir waren um

---

18 Uhr dort und fanden 45 Leute vor. Ich wusste: Wir hatten einen Durchbruch erlebt. Sie hatten verstanden, was das Familienleben ausmacht."

Um das zu erreichen und bei den Leuten in der Gruppe ein entsprechendes Verständnis zu schaffen, müssen MGs-Leiter eine klare Vision für das Engagement für beide Aspekte des Gemeinschaftslebens vermitteln. Manchmal scheuen Leiter vor Klarheit in diesem Punkt zurück, weil sie die Leute nicht belasten wollen. Oder vielleicht wollen sie die Messlatte etwas tiefer legen, damit sich mehr Leute der Gemeinschaft anschliessen. Unsere Erfahrung hat jedoch gezeigt, dass MGs mit anfänglich tief angesetzten Erwartungen in Bezug auf das Engagement extrem schwer zu leiten sind, weil man nie das Gefühl hat, als Familie zusammen auf Mission zu sein. Das Ergebnis sind eine Reihe von Veranstaltungen, an denen die Leute teilnehmen, wenn sie gerade nichts Anderes vorhaben.

Starten die MGs hingegen mit einer starken Vision für das missionarische Unterwegssein als Familie und hoch angesetzten Erwartungen in Bezug auf das Engagement für die organisierten und die organischen Aspekte des Gemeinschaftslebens, dann sind die MGs eher einfach zu führen, weil die Mitglieder das Gefühl haben, als Familie zusammen in eine Richtung unterwegs zu sein — und das macht tatsächlich richtig Spass.

Starkes Engagement für die organisierten und organischen Bestandteile des Gemeinschaftslebens trägt entscheidend dazu bei, die MG so vorwärts zu bringen, dass man sich als erweiterte Familie auf Mission empfindet. Scheue nicht davor zurück, eure Leute zu diesem Engagement aufzufordern!

TEIL 2

MISSIONALE GEMEINSCHAFTEN LEITEN

6

VISION UND GEBET

. . . .

WOMIT FANGEN WIR AN?

Erste Grundlagen haben wir gelegt und wollen uns jetzt mit praktischeren Aspekten beim Starten und Leiten von MGs befassen. Du hättest vielleicht Lust, die ersten Kapitel zu überspringen und gleich mit diesem Teil des Buches anzufangen.

Bitte mach das nicht!!

Falls du schon so vorgegangen bist, blättere jetzt bitte zurück und lies die vorhergehenden Kapitel. Da es ungeheuer viele verschiedene Arten der Strukturierung und Leitung von MGs gibt, ist das Verständnis der grundlegenden Prinzipien ausserordentlich wichtig. Ihr werdet sie in der Praxis für eure Entscheidungen brauchen, welche Struktur ihr eurem Gemeinschaftsleben geben und wie ihr euch missionarisch engagieren wollt. Es gibt keine Formel und auch kein allgemeingültiges Modell. Konkrete *Formen* können in unterschiedlichen Kulturen nicht immer eins zu eins übernommen werden. *Prinzipien* hingegen kann man immer kontextgerecht einsetzen. Deswegen ist es *umso wichtiger*, die Prinzipien gesamthaft wirklich zu verstehen, damit ihr, du und deine MG, authentisch in dem euch von Gott anvertrauten Umfeld leben könnt.

MIT DER VISION FÄNGT ES AN

Gehen wir mal davon aus: Du hast die grundlegenden Kapitel gelesen und dich von der Vision anstecken lassen, eine erweiterte Familie auf gemeinsamer Mission ins Leben zu rufen. Du möchtest eine missionale Gemeinschaft starten.

Super!

Wie schon im ersten Teil erläutert, ist eine klare Vision für Mission die entscheidende Vorstufe für die Bildung einer Gemeinschaft, denn die missionale Vision zieht Menschen in die Gruppe. Einige von euch wissen vielleicht sofort, welchen Stadtteil oder welches Beziehungsnetzwerk ihr mit der Liebe von Jesus erreichen wollt. Für andere ist es vielleicht nicht von Anfang an klar. Wie gelangen wir zu dieser Vision?

ANHALTEN, UMSCHAUEN, DIE OHREN OFFENHALTEN

Kindern bringt man bei, vor dem Überqueren der Strasse anzuhalten, sich umzuschauen und die Ohren offenzuhalten. Wenn wir uns mit dem Starten einer MG befassen, sind wir allzu oft wie Kinder, die diesen Ratschlag vergessen – wir machen die Augen zu und rennen über die Strasse! Wenn du eine MG startest, besteht der erste, gar nicht so intuitive Schritt im **Anhalten**.

Das Anhalten ist so wichtig, weil es eine einfache Antwort auf die Frage nach dem Woher der Vision gibt: Gott gibt uns unsere Vision. Deshalb kann man gar nicht oft genug sagen, wie wichtig es ist, die MGs-Abenteuer auf dem **Gebet** aufzubauen. An diesem Ort hören wir, was Gott uns mitteilt, und wir halten Ausschau nach seinem Wirken in unserer Umgebung. Es fällt uns leicht, uns auf clevere Ideen und schnelle Lösungen abzustützen. Es fällt uns leicht zu denken, wir seien schlau genug, gut genug organisiert oder einfach fleissig genug, um missionarische Erfolge zu erzielen. Wenn wir so vorgehen, bitten wir Gott letztlich um seinen Segen für Sachen, die wir uns schon vorgenommen haben.

> **MGS DÜRFEN NICHT einfach eine gute Idee oder ein neues Programm sein. Sie müssen in einer Vision für die Mission und in einer Leidenschaft verwurzelt sein, die durch das Gebet im Herzen eines Leiters Gestalt gewinnt.**

Stattdessen sollten wir auf Gott hören und uns den Weg vom Heiligen Geist zeigen lassen. Er hat uns auf verschiedene Arten geformt, und Er war schon an der Arbeit und hat die Erntefelder vorbereitet. MGs dürfen nicht einfach eine gute Idee oder ein neues Programm sein. Sie müssen in einer Vision für die Mission und in einer **Leidenschaft** verwurzelt sein, die durch das **Gebet** im Herzen eines Leiters Gestalt gewinnt.

Eine uns bekannte MG hat fast zwei Jahre lang (!) einfach dafür gebetet, dass Gott ihnen helfen soll, einen missionaleren Lebensstil umzusetzen. Wir möchten damit nicht sagen, dass ein solcher Zeitraum die Regel ist. Fest steht aber, dass Gott in diesem Prozess ihre Herzen wirklich berührt hat. Mittlerweile beziehen sie regelmässig Menschen des Friedens in die Rhythmen ihrer MG ein und erleben, wie Leute zum Glauben kommen und das Evangelium für sich in Anspruch nehmen.

Befasst euch einmal mit diesem Abschnitt aus Apg. 16,6-10:

> „Paulus und seine Begleiter zogen nun durch den Teil Phrygiens, der zur Provinz Galatien gehört. Eigentlich hatten sie vorgehabt, die Botschaft Gottes in der Provinz Asien zu verkünden, aber der Heilige Geist hatte sie daran gehindert. Als sie sich dann Mysien näherten, versuchten sie, nach Bithynien weiterzureisen, aber auch das liess der Geist Jesu nicht zu. Da zogen sie, ohne sich aufzuhalten, durch Mysien, bis sie in die Hafenstadt Troas kamen. Dort hatte Paulus in der Nacht eine Vision. Er sah einen Mazedonier vor sich stehen, der ihn bat: ‚Komm nach Mazedonien herüber und hilf uns!‘ Daraufhin suchten wir unverzüglich nach einer Gelegenheit zur Überfahrt nach Mazedonien; denn wir waren überzeugt, dass Gott selbst uns durch diese Vision dazu aufgerufen hatte, den Menschen dort das Evangelium zu bringen.“

Die Reisen von Paulus waren durch seine Leidenschaft motiviert, zu erleben, wie die gute Nachricht von Jesus Menschen erreicht, die weit entfernt von seinem Wohnort Antiochia lebten.[21] Offensichtlich wollte er zur Verwirklichung dieser Vision nach Mysien reisen, war aber sensibel genug für die Leitung des Heiligen Geistes und merkte, dass er seine eigene gute Idee aufgeben sollte, weil der Geist Gottes einen besseren Blick für bereits offene Türen und tatsächliche Bedürfnisse hatte.

....

[21] Aus Apg. 13,2 geht hervor, dass Paulus ursprünglich aus Antiochia ausgesandt wurde und dort auch lebte.

Im Hinblick auf das Starten von MGs muss der Glaube an die Führung des Heiligen Geistes und an seine Vollmacht eine felsenfeste Grundüberzeugung sein. Wir müssen aufrichtig davon überzeugt sein, dass wir ohne den Geist Gottes nichts tun können. Unsere Ideen, intellektuellen Fähigkeiten, Pläne und Hoffnungen sind wertlos, wenn sie ohne die Leitung und Befähigung des Heiligen Geistes umgesetzt werden. Im Rahmen der extremen Management-Kultur in den USA haben wir erlebt, dass diese Lektion schwer zu lernen ist (manchmal begreifen wir es erst durch das Scheitern einer MG). In den meisten westlichen Kulturen, in denen Bildung und Wissen ein extrem hoher Stellenwert zukommt, kann es herausfordernd sein, eine MG zu leiten, wenn man noch nicht von Anfang an alle Antworten hat, Fehler machen und Sachen prozessmässig entwickeln muss.

Unser wichtigster Rat für die Anfangsphase: Nehmt euch Zeit dafür, euch bei der Suche nach eurer Vision für die MG vom Heiligen Geist leiten zu lassen. Erlaubt ihm Gestaltungsfreiheit in Bezug auf die Frage, wohin ihr geschickt werdet und wie die Vision in diesem Umfeld Fleisch werden soll.

Wir haben im Vorangegangenen erläutert: Wenn die MG das missionale Fahrzeug ist, dann ist **Jüngerschaft** der Motor. Man könnte das Bild folgendermassen erweitern: Der **Heilige Geist** ist der Treibstoff im Motor, und das **Gebet** ist die Verbrennung, die das Ganze zum Laufen bringt!

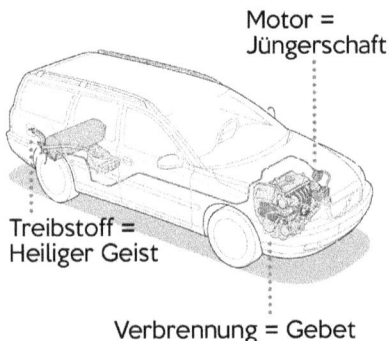

Motor =
Jüngerschaft

Treibstoff =
Heiliger Geist

Verbrennung = Gebet

Im Gebet können wir drei einfache Fragen stellen:

1) Gott, zu wem schickst du uns?
Denkt daran: Wir werden normalerweise entweder in ein *Stadtviertel* oder in ein *Beziehungsnetzwerk* ausgesandt. Meistens offenbart Gott euch das, indem er euch einen Menschen des Friedens aus diesem Viertel oder Beziehungsnetzwerk über den Weg schickt.

2) Gott, wo bist du schon am Wirken?
Denkt daran: Wo auch immer Gott euch hinschickt — Er ist bereits dort und wirkt schon (siehe Johannes 5,17). Euch dem anzuschliessen, was

der Herr schon tut, wird sich als viel ertragrei-
cher erweisen als willkürlich mit eigenen Ideen
zu kommen. Haltet deshalb Ausschau nach
bereits vorhandenen Zeichen von Gottes Wirken in eurem Umfeld. Meistens erkennen wir
sie durch einen Menschen des Friedens.

HALTET DESHALB
Ausschau
nach bereits
vorhandenen
Zeichen von
Gottes Wirken in
eurem Umfeld.

3) Worin besteht für diese Gruppe von Leuten die gute Nachricht?

Wenn wir den Menschen des Friedens gefunden haben, stellen wir die **Evangeliums**-Frage: Was ist für diese Gruppe von Leuten die gute Nach-richt? Welcher Aspekt des Evangeliums kann ihre Herzen am wirksams-ten berühren? Wie können wir Jesu Botschaft ausleben und wirksam von Jesus erzählen? Mit anderen Worten: Wie *zeigen* und *erzählen* wir ihnen die gute Nachricht von Jesus?

Wir stellen MGs-Leitern folgende Fragen (ein „Leidenschafts-Test"), die ihnen helfen können herauszufinden, an welchen Ort Gott sie schickt

- **Was sind deine Herzenswünsche?** Wofür empfindest du Leiden-schaft? Was begeistert dich (Kinder, Umwelt, Menschen, Familie, Heilung usw.)?

- **Wo liegt deine heilige Unzufriedenheit?** Was schmerzt dich oder macht dich traurig? Was siehst du und denkst: „Das ist nicht fair!" (Kinder auf der Strasse, Abfall, Missbrauch, Auflösung von Familien usw.)?

- **Wo bieten sich Gelegenheiten?** Wo sind Orte der Gnade, Möglich-keiten zur Einflussnahme und Einladung?

- **Welche Bedürfnisse hat die Gemeinschaft?** Wo könntest du zum Segen werden? Wie könntest du für diese Gemeinschaft vor Ort zur guten Nachricht werden?

- **Was hast du von Gott gehört?** Was hat Gott früher durch Bibelstel-len und andere Menschen über die Gegenwart oder Zukunft gesagt?

Wenn du anfängst, diese Fragen im Gebet zu bewegen und mit dem Aufbau der Jüngerschaftskultur deiner MG startest, wirst du nach und nach erkennen, wie du deine MG passend strukturieren kannst. Wenn wir mit **Leidenschaft** und einer **Vision für Mission**, beides im **Gebet** geboren, starten, werden Detailfragen und logistische Aspekte klarer.

7

DREI BEISPIELE

· ·

Wie schon gesagt: Es ist nicht möglich, eine Schritt-für-Schritt-Anleitung, wie eine MG funktionieren sollte, zu geben. Dafür gibt es viel zu viele unterschiedliche Umfelder für missionales Wirken. Damit ihr euch besser vorstellen könnt, wie eine MG starten und sich im Laufe der Zeit entwickeln kann, möchten wir drei Beispiele aus dem wirklichen Leben aufzeigen. Befasst euch in Ruhe mit diesen drei einfachen Geschichten und den Zeugnissen. Jede dieser MGs gründet sich auf die zu Beginn des Buches beschriebenen Grundprinzipien (Jüngerschaftskultur, Evangeliumsgemeinschaften, Menschen des Friedens, organisisiert/organisch). Wir sehen hier verschiedene Möglichkeiten, wie Leute eine erweiterte Familie mit gemeinsamer missionarischer Ausrichtung auf die Beine gestellt und einen *Oikos* geschaffen haben. Nehmt sie für euch als Linse und Blickrichtung, die ihr ins Gebet für eure Vision und euer Missionsumfeld einbeziehen könnt.

BEISPIEL 1: START ALS MITTELGROSSE GRUPPE (15+ TEILNEHMER)

Einer unserer Bekannten hat die MG als eine aus etwa 20 Erwachsenen (plus Kindern) bestehenden Gemeinschaft von Christen, die schon einen gewissen Zusammenhalt untereinander hatten, gestartet. Sie konnten schon auf ein Stück gemeinsame Geschichte zurückblicken, und der Leitende hat daraus eine erweiterte Familie auf Mission entwickelt. Ein ziemlich regelmässiger UP-Rhythmus bestand bereits, da sie alle zusammen Gottesdienst feierten. Das IN hätte man mit bescheiden bis ordentlich bewerten können; sie trafen sich meistens informell. Die ins Auge fallende Schwäche bei dieser Gruppe war das OUT. Es fand nicht bewusst und zielgerichtet statt.

Es fiel den Teilnehmern schwer, in ihrem Leben Menschen des Friedens klar zu erkennen. Deshalb wurde den Gemeinschaftsrhythmen als erstes ein weiteres Element hinzugefügt, das sie schlicht und ergreifend nach DRAUSSEN brachte, wo sie Menschen des Friedens begegnen konnten! Zuerst kamen sie mit den Mitarbeitern einer Unterkunft für obdachlose Frauen und Kinder in ihrer Stadt ins Gespräch. Sie fragten sie nach ihren Bedürfnissen und wie sie selbst praktisch helfen könnten.

Nach Absprache mit den Mitarbeitern beschlossen sie, einen „Fun-Abend" in dieser Unterkunft auf die Beine zu stellen. Manchmal spielten sie mit den Bewohnern Brettspiele. Bei schönem Wetter spielten sie draussen mit den Kindern Völkerball und redeten mit den zuschauenden Müttern. Dann wiederum brachten sie einen Beamer mit und schauten einen Film zusammen. Bei all diesen Aktivitäten hatten sie offene Augen und Ohren für mögliche Menschen des Friedens, zu denen Gott ihnen den Weg ebnen könnte. Sie fanden schliesslich drei Familien an diesem Ort, die klar Menschen des Friedens waren. Die Betreffenden äusserten sich offener in den Gesprächen, halfen anschliessend beim Aufräumen und liessen gern für ihre persönlichen Anliegen beten.

Zusätzlich zu dieser konkreten monatlichen OUT-Veranstaltung arbeitete die Gruppe auch am UP und IN. Am Sonntagmorgen starteten sie einen Brunch für alle. Jeder brachte etwas für die gemeinsame Tafel mit. Nach dem Essen erzählten sie sich etwas, wofür sie dankbar waren, hielten eine kurze Bibelarbeit mit Austausch und beteten füreinander. Sie waren Teil einer grösseren Gemeinde, in der sie einmal pro Woche den Gottesdienst besuchten. Zu diesen regelmässigen Treffen kamen spontane Ausflüge dazu, bei denen das Familiengefühl wachsen konnte: zusammen in einen Park gehen, Fussball schauen, Geburtstage und Feiertage gemeinsam feiern, auswärts essen gehen usw.

SONNTAG	MONTAG	DIENSTAG	MITTWOCH	DONNERSTAG	FREITAG	SAMSTAG
MG Brunch (UP/IN)						Einsatz @ Obdachlosen-Unterkunft (OUT)
Gottesdienst (UP)		Huddle				
MG Brunch (UP/IN)					Lockerer Fun-Abend mit MDF	
MG Brunch (UP/IN)		Huddle				

Ausserdem starteten sie einen zweiwöchentlichen Huddle für einige Leute aus der MG, die Leiterschaftsbegabung zeigten. Sie schulten sie in den Grundsätzen des Lebens von Jesus und investierten bewusst in diese Menschen, damit sie in ihrem Charakter und in ihrer Leitungskompetenz wachsen konnten. Das erklärte Ziel des Huddles bestand darin, diese Leute zu MGs-Leitern heranzubilden und ihnen nach und nach mehr Verantwortung in der bestehenden MG zu übertragen.

EINE NEUE ZEIT
lag vor ihnen. Sie brauchten neue Rhythmen, um neue Menschen des Friedens finden zu können.

Für eine gewisse Zeit sah ihr „normaler" monatlicher Rhythmus aus wie in der Tabelle. Vergesst nicht, dass die eingetragenen Aktivitäten nur den „organisierten" Teil ihres MGs-Lebens beschreiben. Dazwischen trafen sie sich oft zum Abendessen, gingen zusammen ins Kino, spielten im Park usw.

Für eine gewisse Zeit war dieser Rhythmus vorgegeben. Nach einer Weile jedoch zogen alle Menschen des Friedens aus der Unterkunft aus und blieben nicht in Kontakt. Innerhalb der Unterkunft liessen sich keine Menschen des Friedens mehr erkennen. Aus diesen Gründen beschloss die MG, mit den Besuchen aufzuhören. Eine neue Zeit lag vor ihnen. Sie brauchten neue Rhythmen, um neue Menschen des Friedens finden zu können. Sie machten regelmässige Gebetsspaziergänge in den Wohnvierteln der MGs-Leiter und hielten nach Menschen des Friedens Ausschau, während sie im Stillen beteten. Schliesslich entdeckten die MGs-Leute auch in anderen Umfeldern Menschen des Friedens: ein Freund an der Arbeit, eine Nachbarin, Kinder aus der Nachbarschaft usw. Die MGs-Teilnehmer luden diese Menschen des Friedens zu ihren verschiedenen Aktivitäten ein, und so entstanden Beziehungen.

Sie starteten auch einmal pro Woche ein „Offenes Abendessen", immer am Mittwochabend. Dadurch sollte, mit gleichbleibender Zeit und am selben Ort, eine Möglichkeit geschaffen werden, sich zu treffen und Menschen des Friedens einzuladen. Das Haus der Gastgeber grenzte an eine gemeinschaftlich genutzte Fläche mit einem von vielen Familien besuchten Spielplatz. Bei schönem Wetter verlagerte sich das Abendessen oft in den Hof und auf den Spielplatz. So ergaben sich zahlreiche Unterhaltungen mit Familien, die auch gerade auf dem Spielplatz waren. Die MGler redeten einfach mit Leuten, erzählten ihnen vom offenen Abendessen am Mittwoch und hielten nach Menschen des Friedens Ausschau.

Viele Begegnungen mit Menschen des Friedens (MDF) entstanden durch diese Abendessen. Einige schlossen sich der MG an und wurden Jesus-Nachfolger. Andere blieben am Rand der MG, bewegten sich aber doch mit gewisser Regelmässigkeit in ihrem Einzugskreis, das heisst, sie kamen zu Geburtstagsfesten, Grilltreffen im Sommer usw. Ein Ehepaar, das im Huddle geschult und bejüngert worden war, wird demnächst eine eigene MG starten. Die Gemeinschaft selbst macht weiter: Sie pflegt organische und organisierte Rhythmen, indem sie auf das reagiert, was ihr der Heilige Geist durch Menschen des Friedens zeigt, und indem sie auf diesem Weg beständig neue Leiter bejüngert.

Als sich die MG weiterentwickelte, nahmen die Rhythmen folgende Form an:

SONNTAG	MONTAG	DIENSTAG	MITTWOCH	DONNERSTAG	FREITAG	SAMSTAG
MG Brunch (UP/IN)			Offenes Abendessen mit MDF (OUT)			Lockere Treffen mit MDF
Gottesdienst (UP)		Huddle	Offenes Abendessen mit MDF (OUT)			Lockere Treffen mit MDF
MG Brunch (UP/IN)			Offenes Abendessen mit MDF (OUT)			Lockere Treffen mit MDF
MG Brunch (UP/IN)		Huddle	Offenes Abendessen mit MDF (OUT)			Lockere Treffen mit MDF

Ihr habt hier hoffentlich gesehen, dass sich MGs-Rhythmen verändern können (und wahrscheinlich auch sollten). Wenn du auf Menschen des Friedens und Gottes Wirken in deinem Missionsumfeld eingehst, sollte sich das in euren Rhythmen widerspiegeln. Dies macht wiederum deutlich, wie wichtig es ist, alles **leicht/mit geringem Betriebsaufwand** zu halten, damit ihr beim Reagieren auf Gottes Wirken und Reden eure Rhythmen schnell und unproblematisch anpassen könnt.

BEISPIEL 2: START ALS HUDDLE ODER KLEINGRUPPE (6–12 TEILNEHMER)

Manchmal startet eine MG, wenn ein Huddle oder eine Kleingruppe „für Familienzuwachs sorgen", indem sie neue Leute zu den regelmässigen Jüngerschafts- und Missionsaktivitäten einladen.

So hat eine uns bekannte MG angefangen: Drei Familien, die sich als Kleingruppe trafen, beschlossen gemeinsam eine Vision umzusetzen. Sie wollten UP, IN und OUT gemeinsam leben. Sie gehörten zu einer Gemeinde, in der die Vision für MGs gestreut worden war. MGs sollten als Gefässe dienen, mit deren Hilfe die Gemeindemitglieder Reich-Gottes-Leben stärker in ihre Wohnviertel und Beziehungsnetzwerke hineintragen können. Die drei Familien stellten sich dieser Herausforderung und fingen an, im Gebet nach ihrem Umfeld und nach Gottes Auftrag für sie zu fragen.

ALS SIE BETETEN
und die Vision Gestalt gewann, merkten sie, dass ihnen benachteiligte und arme Menschen in der Stadt am Herzen lagen.

Als sie beteten und die Vision Gestalt gewann, merkten sie, dass ihnen benachteiligte und arme Menschen in der Stadt am Herzen lagen. Sie wohnten aber alle in Vorortvierteln und hatten demzufolge keine natürlichen Berührungspunkte mit den Menschen, die sie erreichen wollten. Sie brauchten einen neuen Rhythmus fürs OUT, um in näheren Kontakt mit den Armen in der Stadt zu kommen.

Ein Mitglied dieser im Entstehen begriffenen MG kannte jemanden, der bei einer Organisation tätig war, die Kindergeburtstage für Familien organisierte, die sich das sonst nicht leisten konnten. Die MGs-Leute beschlossen, einfach mit dieser Organisation zusammenzuspannen und freiwillig bei den Geburtstagspartys für die betreffenden Familien mitzuhelfen. Sie machten das ein paar Mal, ungefähr einen Monat lang, und luden andere zum Mitmachen ein. Sie sprachen mit Leuten in ihrer Gemeinde sowie mit Nachbarn und Freunden – Christen und Nichtchristen – darüber. Weitere Helfer schlossen sich an. Interessanterweise zeigten eine Reihe Nichtchristen, mit denen sie darüber sprachen, Interesse an der Arbeit und unterstützten sie immer wieder bei den Geburtstagsfesten. Langsam wuchs die Gemeinschaft!

Nachdem sie eine Weile mit der Organisation zusammen gedient hatten, stellten sie fest, dass mehrere der unterstützten Familien zu Menschen des Friedens geworden waren. Diese „Familien des Friedens" wohnten alle in Übergangswohnungen, die zu einem Obdachlosenzentrum gehörten. Dementsprechend begann die MG, ihre OUT-Einsätze auf dieses Zentrum zu fokussieren (nach dem Prinzip Mensch des Friedens). Sie führten pro Monat eine Veranstaltung im Zentrum durch, um Beziehungen zu pflegen und nach weiteren Menschen des Friedens Ausschau zu halten. Manchmal wurde gemeinsam gegessen. Oder die Familien spielten im Freien zusammen. Mehrere Frauen in der MG waren Friseurinnen und Kosmetikerinnen. Sie veranstalteten einen „Neues Styling"-Tag. Alle Frauen im Zentrum konnten sich stylen lassen, während die Männer mit den Kindern spielten.

Parallel zu diesem Engagement nach Aussen (OUT) machten sie sich auch bewusst Gedanken über ihr gemeinsames UP und IN, in organisierter und organischer Form. Sie verbrachten viel Zeit miteinander, chillten zusammen, schauten Fussball, gingen zu Sportveranstaltungen für die Kinder usw. Sie boten auch Bibelarbeit in Kleingruppen über sechs Wochen an, um die Beziehungen untereinander zu stärken. Ab und zu fanden Anbetungsabende statt, an denen man gemeinsam längere Zeit Gott mit Worship-Liedern ehrte. Natürlich gingen sie auch an den meisten Sonntagen zusammen zum Gottesdienst. Sie starteten innerhalb der MG auch einen Huddle, in dem zielgerichtet Leute als zukünftige MGs-Leiter geschult wurden.

Hier ein Beispiel für einen typischen Monat dieser MG zur betreffenden Zeit:

SONNTAG	MONTAG	DIENSTAG	MITTWOCH	DONNERSTAG	FREITAG	SAMSTAG
Gottesdienst & Huddle			Bibelarbeit in Kleingruppen			
Gottesdienst			Bibelarbeit in Kleingruppen			Dienen im O-Zentrum
Gottesdienst & Huddle			Bibelarbeit in Kleingruppen			
Gottesdienst			Bibelarbeit in Kleingruppen		Anbetuns-abend	

Die Familien in der MG wurden ermutigt und darin geschult, im Obdachlosenzentrum nach Menschen des Friedens Ausschau zu halten und erste Kontakte zu den Familien, denen sie ausserhalb der regelmässigen OUT-Zeit (einmal pro Monat) begegneten, zu knüpfen. So entstanden Freundschaften, Beziehungen wurden gepflegt. Die MGs-Leute hatten ein offenes Auge für Gelegenheiten, bei denen sie das Evangelium weitergeben und Menschen zur gemeinsamen Jesus-Nachfolge einladen konnten. Mehr und mehr Menschen liessen sich von der Vision anstecken und schlossen sich der MG an. Mehrere Leute aus dem Zentrum (sowie nicht gläubige Freunde, die einfach mitkamen!) fanden zum Glauben und machten aktiv in der MG und in der Gemeinde, der sie angeschlossen waren, mit. Eine ganze Reihe Leute, die jetzt in der Gemeinde sind, kamen durch die Arbeit der MG zum Glauben. Die MG mit anfänglich drei Familien hat jetzt ein Kernteam mit etwa 15 Familien, zu denen etwa 30 Erwachsenen und über 40 Kinder zählen.

Beim Leiten des Huddles innerhalb der MG wurden die Leiter besonders auf ein Ehepaar aufmerksam, das die Bereitschaft zeigte, einen Schritt weiter zu gehen und ihre eigene MG zu übernehmen. In ihren Herzen wuchs eine Vision für Mission, und Gott war stark am Wirken in ihrem Leben. Die MG investierte gezielter in dieses Ehepaar, und während wir dieses Buch verfassen, setzen die beiden ihre eigene missionale Vision um und dienen weiterhin der ursprünglichen MG. Der Start ihrer eigenen MG steht unmittelbar bevor, wahrscheinlich mit mehreren Familien aus der bestehenden MG.

An starken Herausforderungen hat es natürlich auf diesem Weg nicht gemangelt. Gleichzeitig ist die Frucht für das Reich Gottes unübersehbar: Beständig wird Hoffnung an einen Ort gebracht, an dem sonst nur Verzweiflung herrscht. Menschen kommen zum Glauben und folgen Jesus nach. Sie finden Sinnerfüllung im Reich Gottes und ihren Platz in Gottes Familie. Die Multiplikation von Leitern findet statt, und neue Gemeinschaften werden ins Leben gerufen!

BEISPIEL 3: STARTEN ALS EINER FAMILIE AUF MISSION (2 ERWACHSENE)

Eine weitere uns bekannte Familie startete beim Umzug in eine neue Stadt eine MG. Sie fingen allein als missionarische Familie an. Wir empfehlen dieses Vorgehen allerdings nur, wenn man vorher schon MGs geleitet hat oder wenn ihr extrem extrovertierte evangelistische Typen seid. Diese Art und Weise, eine MG zu starten, ist eher schwierig. Wir möchten euch aber auch dieses Beispiel nicht vorenthalten und nennen das Ehepaar hier John und Mary.

Als John und Mary mit ihren beiden kleinen Kindern den Umzug in die neue Stadt hinter sich hatten, fingen sie einfach an zu beten und zu beobachten. Sie fragten Gott:

> 1. Zu welcher Gruppe von Menschen rufst du uns jetzt in diesem Abschnitt unseres Lebens?

2. Welche Menschen des Friedens können uns bei dieser Aufgabe unterstützen?

In ihrem Fall wurde die erste Frage durch die zweite Frage (einen Menschen des Friedens) beantwortet.

Mary traf am allerersten Tag eine junge Mutter, Renae. Sie gingen mehrmals in der Woche zusammen mit ihren Kindern spazieren. Renae lud Mary an das erste Geburtstagsfest ihres Sohnes ein und stellte sie 15–20 jungen Müttern vor. Sie alle waren untereinander durch ein informelles Netzwerk verbunden. **Mary und John erkannten, dass sie durch Renae Zugang zu einer Gruppe finden sollten, in der Gott wirken wollte.**

Mary fing ohne grossen Aufwand an, Beziehungen zu den anderen Müttern aufzubauen – Treffen zum Mittagessen, Verabredungen der Kinder zum Spielen, ein Ausflug zu einem Kürbisfeld usw. Nichts Umständliches. Sie baute einfach Beziehungen auf. Alle, denen sie innerhalb dieses Netzwerks begegneten und die Jesus nicht kannten, waren junge Paare mit Kindern in Windeln.

Sie hatten ihr missionales Umfeld gefunden! Durch einfaches Zusammensein mit den Menschen des Friedens entdeckten sie die missionale Vision, und Gott öffnete die Türen.

Sie fingen dann an, für eine Jüngerschaftsgruppe in Form eines Huddles zu beten. Innerhalb weniger Monate schickte Gott vier Ehepaare zu ihnen, die bewusste Christen waren, sich aber nicht aktiv am Leben einer Ortsgemeinde beteiligten. Sie alle trafen sich daraufhin jeden zweiten Donnerstag, und den Leuten im Huddle wurden mit Hilfe der Life-Shapes die grundlegenden Prinzipien aus dem Leben von Jesus vermittelt. Sie wurden so zu einem verbindlicheren Lebensstil und einer intensiveren Gottesbeziehung eingeladen.

ALLE, DENEN SIE innerhalb dieses Netzwerks begegneten und die Jesus nicht kannten, waren junge Paare mit Kindern in Windeln. Sie hatten ihr missionales Umfeld gefunden!

Es wurde nicht gross erklärt, was eine missionale Gemeinschaft ist. Sie fingen einfach praktisch damit an. Man feierte zusammen Geburtstage, Baby Showers, traf sich zum Essen und lebte zusammen. Man war als erweiterte Familie zusammen auf Mission. Nach einigen Monaten kam an dem Donnerstagabend ohne Huddle-Treffen ein regelmässiges gemeinsames Abendessen dazu. Zu diesem Abendessen kamen die Leute vom Huddle, und jeder von ihnen brachte seine persönlichen Menschen des Friedens mit.

Am Anfang bestand der „geistliche Inhalt" dieser Treffen zum Essen lediglich darin, dass jeder am Tisch etwas erzählte, wofür er oder sie dankbar war, und dann beteten sie vor dem Essen. Einige Monate später, im Dezember, lasen sie die Weihnachtsgeschichte, sangen Weihnachtslieder und halfen den Kindern, Weihnachtsplätzchen zu verzieren. Damals war etwa die Hälfte der Leute in der Gruppe Nichtchristen.

Jetzt kommt der interessante Punkt. Bisher hatten sie einfach eine gastfreundliche Gemeinschaft ins Leben gerufen, die die Form einer erweiterten Familie annahm. Sie hatten immer ganz klar zum Ausdruck gebracht, dass in ihrem Leben Jesus im Mittelpunkt stand, und führten ein paar regelmässige Aktivitäten (Rhythmen) durch, bei denen auf Jesus hingewiesen wurde.

Kurz vor Weihnachten äusserten drei der Ehepaare, die immer wieder gekommen waren, den Wunsch nach mehr geistlichem Inhalt. Bis zu diesem Zeitpunkt hatte es bei den Treffen nicht viel „strukturierte" geistliche Zeit gegeben. Vielmehr hatten sie John und Mary beobachtet, die offen zu ihrer Beziehung zu Gott standen, und das hatte sie neugierig gemacht. Niemand orientierte sich an einem 27-Punkte-Plan für das weitere Vorgehen. Sie konnten ganz einfach die Früchte ernten, nachdem sie Menschen des Friedens gefunden, zu ihnen Freundschaften geknüpft, auf das Wirken des Heiligen Geistes geachtet und entsprechend auf alles reagiert hatten.

Angesichts dieser neuen Entwicklung verlagerten John und Mary den Schwerpunkt der Treffen zum Abendessen am Donnerstag. (Sie passten ihren Rhythmus den Reaktionen der Menschen des Friedens an! Seht ihr, wie das funktioniert?). So sah der neue Rhythmus aus:

- 17:30–18:30 Abendessen: Alle waren nach wie vor willkommen, auch wenn sie nicht mehr geistlichen Inhalt wollten.

- 18:30–19:30 Bibelarbeit: eine einfache Bibelarbeit mit Gespräch. Abschliessend beantwortete jeder Einzelne die Frage: „Was sagt Gott zu mir, und was mache ich damit in den nächsten sieben Tagen?"

Unter der Woche trafen sich John und Mary weiterhin zwanglos mit anderen Familien (sportliche Wettbewerbe für die Kinder, 10 Kilometer Joggen zusammen in der Stadt, Baby Showers usw.). Bei diesen Gelegenheiten konnten weitere Leute problemlos dazukommen, ohne sich gleich einer Bibelgruppe anschliessen zu müssen.

Nach und nach reflektierte die MG die Fülle des Lebens von Jesus (UP, IN und OUT):

- Ihre UP-Zeiten waren die 14-tägigen Huddles mit den Leuten, die sie bei der Leitung der MG unterstützten, und die biblische Lehre im Anschluss an das Abendessen am Donnerstag, wobei ein paar Anbetungslieder vom iPod abgespielt wurden, sodass sie zusammen singen und die kleinen Kinder gemeinsam singen und tanzen konnten.

- Zu den IN-Zeiten gehörten das Abendessen am Donnerstag, aber auch die informellen gemeinsamen Mahlzeiten und Unternehmungen, bei denen das Familiengefühl gestärkt wurde sowie sportliche Wettbewerbe, Grillen, Verabredungen zum Spielen, Fussball usw. Darüber hinaus pflegten Mary und John ein Familienritual: Sie gingen jeden Samstagmorgen mit ihren Kindern in ein Café und luden immer wieder andere Leute zu dieser Aktivität als Familie ein.

- Das OUT war anfänglich für die MGs-Teilnehmer ein neues Konzept. John und Mary nahmen sich Zeit, ihnen nahezubringen, warum das Einladen von Freunden, die Jesus nicht kennen, wichtig für sie ist. Sie entschieden sich für einen OUT-Einsatz, um kontaktarmen Menschen zu dienen: Einmal pro Monat besuchten sie mit ihren Kindern ein Pflegeheim und verbrachten dort Zeit mit einsamen Menschen. Die meisten hatten keine Familienangehörigen in der Nähe und bekamen keinen Besuch. Für die Heimbewohner war es eine tolle Abwechslung, Babys und Kleinkinder um sich herum zu haben!

So sah damals der Monatsrhythmus der MG aus. Auch hier dürfen wir nicht vergessen, dass darin organische Treffen, die zwischendurch stattfanden, nicht enthalten sind. Einige Familien — aber nicht alle — besuchten ausserdem einen Gottesdienst in einer Ortsgemeinde. Andere kamen am Sonntag einfach so zusammen.

SONNTAG	MONTAG	DIENSTAG	MITTWOCH	DONNERSTAG	FREITAG	SAMSTAG
Gottesdienst				Huddle		Frühstück im Café
Gottesdienst				Abendessen & Bibelarbeit		Frühstück im Café
Gottesdienst				Huddle		Pflegeheim
Gottesdienst				Abendessen & Bibelarbeit		Frühstück im Café

Auch diese MG wurde von einer Familie gestartet, die sozusagen aus dem Nichts bei einer Menschengruppe auftauchte, die sie vorher nicht kannten. Sie wuchs, weil sie den verschiedenen Zeiträumen in der Entwicklungsphase Rechnung trugen:

1. Ein Zeitraum, in dem sie einige Schlüsselpersonen, Menschen des Friedens, fanden, die ihnen Zugang zu einem grösseren Netzwerk verschafften. Während sie die Leute in diesem Netzwerk kennenlernten und Beziehungen knüpften, merkten sie, wer offen war (mehr Menschen des Friedens).

2. Ein Zeitraum, in dem sie Gott baten, sie mit Leuten zusammenzuführen, die bereits Christen waren und sich offen dafür zeigten, John und Mary in ihr Leben investieren zu lassen und sie bei der Leitung der startenden MG zu unterstützen.

3. Ein Zeitraum, in dem sie zur Entwicklung der eben genannten Leute beitrugen und gleichzeitig anfingen, die gemeinsamen Abendessen mit leichtem geistlichem Inhalt anzubieten.

4. Ein Zeitraum mit vertieftem geistlichem Inhalt und stärkerem Engagement für die Gruppe als Familie.

Dafür brauchten sie etwa acht Monate. Einigen von euch mag das lang vorkommen, anderen kurz – aber nehmt es als Beispiel für ein mögliches Tempo. Manchmal brauchen die Sachen länger als bei dieser MG; manchmal geht es schneller. Es kommt völlig darauf an, was Gott macht, an welchen Menschen des Friedens er wirkt und wie gut wir auf die Gelegenheiten eingehen, die er uns schenkt.

KEINE FORMELN ODER REZEPTE

Durch diese Beispiele möchten wir eure Fantasie beflügeln und einige grundlegende Prinzipien in Aktion zeigen. Für das Starten einer MG gibt es keine „bestmögliche Form", weil ihr den Umständen und den Menschen des Friedens Rechnung tragen müsst. Keines der Beispiele soll als Formel oder Rezept verstanden werden. Wir hoffen, dass sie euch auf ein paar praktische Faktoren aufmerksam machen, die ihr in euer Gebet für den Start einer MG einbeziehen solltet.

Um euch noch weitere Anhaltspunkte als Hilfestellung für euer Beten und Planen zu liefern, werden in den folgenden Abschnitten einige Muster aufgezeigt, die wir bei Frucht tragenden MGs (und dazu gehören auch die oben beschriebenen) beobachten konnten.

8

WACHSTUM UND MULTIPLIKATION

• •

Wir haben uns bisher mit den grundlegenden Prinzipien für MGs und der Frage, wie man ihnen von Anfang an die richtige Ausrichtung geben kann, befasst. Illustriert wurde das Ganze mit Beispielen aus dem wirklichen Leben. Wie aber kann eine MG nach dem „Abheben" wachsen? Und, was noch wichtiger ist, wie können wir für die zum Fördern neuer Leiter und zur Multiplikation neuer MGs erforderliche Dynamik sorgen? In diesem Kapitel sollt ihr praktische Hilfsmittel für das Wachstum und die Multiplikation eurer MG erhalten.

ZWEI PHASEN IM RHYTHMUS

Sobald ihr in dem Umfeld, in das Gott euch beruft, Menschen des Friedens entdeckt, werdet ihr anfangen, Rhythmen für eure Treffen (organisierte wie organische) zu entwickeln. So kann eure MG eine gemeinsame Kultur und gemeinsames Leben zur Entfaltung bringen. Dafür wollen wir euch nicht zu viele Vorgaben machen, weil es je nach missionalem Umfeld, Menschen des Friedens usw. eine ausserordentliche Vielfalt von MGs geben kann. Einige Überlegungen möchten wir euch aber anbieten, die beim Finden des geeigneten Rhythmus für eure MG hilfreich sein können.

Da so vieles durch die Menschen des Friedens bestimmt wird, sieht man bei den MGs vielfach zwei unterschiedliche Rhythmusphasen.

Phase 1: Rhythmen, durch die du Menschen des Friedens finden kannst.

Das Entdecken der Menschen des Friedens ist wichtig. So beginnst du zu erkennen, was Gott vorhat. In einigen MGs wird zuerst den Mitgliedern des

Kernteams über mehrere Wochen vermittelt, was Menschen des Friedens sind. Sie lernen vor allem, in sämtlichen Bereichen ihres Lebens Menschen des Friedens zu identifizieren. Anschliessend werden die Rhythmen der MG auf das Finden von Menschen des Friedens ausgerichtet.

Das kann mit vielen Grillfesten im Garten oder Nachbarschaftspartys mit einem Haufen Gäste verbunden sein. So könnt ihr nach und nach herausfinden, wer für eure Gemeinschaft offen ist. Es kann auch bedeuten, dass ihr den MGs-Leuten beibringt, wie man unter Arbeitskollegen und Nachbarn nach Menschen des Friedens Ausschau hält. Wenn eine MG Künstler erreichen möchte, sollte sie vielleicht Shows und entsprechende Veranstaltungen in der Stadt besuchen, dort erste Kontakte knüpfen und Menschen des Friedens aufspüren. Gleichzeitig trifft sich die MG, um zu beten und zu besprechen, was sie anlässlich dieser Rhythmen zum Finden der Menschen des Friedens hören und sehen. In der Anfangsphase sollte ein Schwerpunkt auf diese Art von OUT-Aktivitäten gelegt werden (vielleicht mindestens zwei bis drei Mal pro Monat).

Phase 2: Rhythmen, durch die ihr bei den Menschen des Friedens „bleiben" könnt

Sobald die MG Menschen des Friedens gefunden hat, ändern sich oft stark ihre Rhythmen. Jesus hat uns ja gesagt, wir sollen „dort bleiben", sobald wir einen Menschen des Friedens erkannt haben. Menschen des Friedens zeigen uns, wo Gott am Wirken ist. Dementsprechend passen wir unsere Rhythmen an, denn wir wollen sein wie Jesus, der nur das tat, was er den Vater tun sah (Johannes 5,19). Vielfach hat das zur Folge, dass wir die Rhythmen so aufgleisen, dass wir mit den konkreten Menschen des Friedens, die Gott in die MG gebracht hat, Beziehungen pflegen können. Eine MG, die Leute im eigenen Stadtviertel erreichen möchte, kann zum Beispiel einige Sommermonate für Veranstaltungen einsetzen, in denen es in erster Linie um das Finden von Menschen des Friedens geht. Im Anschluss daran wird im Herbst mit den Menschen des Friedens aus der Nachbarschaft ein Alpha-Kurs[22] durchgeführt.

So ist es häufig bei den MGs-Rhythmen: Zeiten, in denen **neue Menschen des Friedens gewonnen werden**, wechseln sich ab mit Zeiten des **Investierens in diese Menschen**. Zeiten des Säens und Zeiten des Erntens. Denkt

....

[22] Durch die Alpha-Kurse wird Menschen anhand der Bibel in kleinen Gruppen der christliche Glaube auf niederschwellige Art und ohne Druck näher gebracht. Mehr Infos auf www.alpha.org.

bei alldem immer an das Dreieck mit UP/IN/OUT. Während wir hinausgehen, um Menschen des Friedens zu finden und diese Beziehungen zu unterhalten, dürfen wir gleichzeitig das UP und IN nicht aus den Augen verlieren und sollten uns treffen, um zusammen zu beten und auszutauschen, was Gott zu uns sagt. Wir leben weiterhin als Familie zusammen. Alle drei Dimensionen des Dreiecks müssen stark ausgeprägt sein, damit eine MG das Leben von Jesus reflektieren kann.

Vergesst ganz allgemein nicht, dass eure einmal eingerichteten Rhythmen nicht in Stein gemeisselt sind. Flexibel zu bleiben ist hier wirklich gefragt, denn ihr wollt ja auf Gottes Handeln und Reden eingehen. Es ist IN ORDNUNG, zu experimentieren und festzustellen, dass etwas nicht funktioniert. Es ist IN ORDNUNG, neue Rhythmen einzuführen, um sie einer veränderten Situation anzupassen oder wenn ihr etwas ausprobiert habt und es hat sich nicht bewährt. Misserfolg ist erlaubt. Steht einfach wieder auf und macht weiter.

FÜNF *OIKOS*-MERKMALE

Wir konnten als weiteres Muster beobachten, dass MGs, die wirklich zu erweiterten Familien auf Mission wurden, mehrere gemeinsame Elemente aufweisen. Wir sprechen von den **fünf *Oikos*-Merkmalen**. Diese fünf Kennzeichen weisen auf ein gutes gemeinsames Funktionieren als erweiterte missionale Familie hin. Finden diese fünf Sachen ziemlich regelmässig statt (zum Beispiel wöchentlich), in organisierter oder organischer Form, dann sind wir mit dem Aufbau und der Pflege unseres *Oikos* auf einem guten Weg.

1) ZUSAMMEN ESSEN
Familien auf Mission essen oft zusammen. Miteinander am Tisch zu sitzen, am Grill zu stehen oder bei Snacks und Getränken zu plaudern ist an sich schon gemeinschaftsfördernd. Zu unseren Treffen wird oft Essen mitgebracht, auch wenn es nicht „offiziell" Essenszeit ist. Die Vorbereitung und das Aufräumen lohnen sich.

2) ZUSAMMEN SPIELEN
Familien auf Mission lachen viel zusammen, weil es bei ihren Treffen oft lustig zugeht. Die Zugehörigkeit zur Familie sollte Spass machen. Nur Ziel und Zweck ohne Fun lassen eine MG langweilig werden! Spiel und Arbeit sollten denselben Stellenwert bei euch haben.

3) ZUSAMMEN MISSIONARISCH AKTIV WERDEN

Familien auf Mission haben — natürlich — einen Auftrag. Demgemäss sind sie oft zusammen missionarisch aktiv, sei es bei organisierten Veranstaltungen oder im Rahmen von zwanglosen Gesprächen. Nur Fun ohne Ziel und Zweck raubt einer MG die Ausrichtung! Die Leute müssen wissen, warum es euch als Gemeinschaft gibt.

4) ZUSAMMEN BETEN

Familien auf Mission beten und worshippen regelmässig zusammen. Auch gemeinsames Bibellesen und auf Gott hören gehört dazu. Unsere Verbindung zu Jesus und untereinander macht es aus, dass sich die Zugehörigkeit zu unserer MG lohnt.

5) RESSOURCEN TEILEN

Familien auf Mission teilen ihre Ressourcen. Das beinhaltet nicht unbedingt einen gemeinsamen Geldbeutel, aber zu einem gewissen Grad teilen wir unsere Ressourcen — das machen Familien so. Man kann sich zum Beispiel einen Rasenmäher teilen oder jemandem einen Zuschuss fürs Bezahlen einer unerwarteten Arztrechnung geben oder einfach Essen für die gemeinsamen Mahlzeiten mitbringen. Das Teilen unserer Mittel trägt dazu bei, den Familienzusammenhalt zu stärken.

Dazu ein Beispiel aus einer MG:

> „Meine Frau und ich leiteten zusammen eine MG, mit der wir vor allem junge Familien erreichen wollten. Damals hatten wir alle ziemlich wenig Geld. Wir machten uns Gedanken darüber, wie wir uns untereinander finanziell helfen könnten. Das ist natürlich schwierig, wenn alle finanziell zu kämpfen haben. Wir begannen aber, immer einen Monat im Voraus unsere Mahlzeiten gemeinsam zu planen und zusammen Lebensmittel in grösseren Mengen zu kaufen. Manchmal assen wir alle zusammen, manchmal jede Familie für sich. Manchmal kochten wir viel zu viel und konnten anderen Leuten noch Essen bringen (dasselbe machten sie dann für uns an anderen Abenden). Jede Familie konnte monatlich mehrere Hundert Dollar für Lebensmittel einsparen. Am Erstaunlichsten war aber das Familien- und Zusammengehörigkeitsgefühl, das auf diese Weise in unserer Gruppe entstand. Auch Leute, die noch keine Christen waren, wurden darauf aufmerksam und wollten mitmachen."

In einer anderen, uns bekannten MG haben alle einen Schlüssel zu den Wohnungen oder Häusern der anderen. So kann man Kinder zum Spielen einladen, sich an einen ruhigen Ort zum Lernen oder Auftanken zurückziehen oder grössere Räume für Partys nutzen. Sie teilen nicht nur ihre Ressourcen, sondern auch Menschen des Friedens! Einige Familien dieser MG teilen auch ein Auto und halten bewusst nach Gelegenheiten Ausschau, wie sie mit ihrem Geld anderen helfen können, Missionsabenteuer zu erleben.

ES SOLL EINFACH BLEIBEN

Man kann sich beim Gedanken an den Rhythmus der MG schnell überfordert fühlen. Zwei mögliche Fallstricke scheinen sich dabei abzuzeichnen: Entweder **überhäufen** die Leute ihre MG **mit Programm**, sodass sie einem wie eine Abfolge von Veranstaltungen vorkommt, oder sie **treffen sich nicht oft genug**, weil sie die Leute nicht „belasten" wollen. Interessanterweise lässt Letzteres die MG wiederum zu einer gefühlten Abfolge von (schlecht besuchten) Veranstaltungen werden. Durch keine der beiden Varianten entsteht das Gefühl, als erweiterte Familie unterwegs zu sein.

Macht euch Gedanken dazu, wie das Engagement für die organisierten/strukturierten und für die organischen/spontanen Aspekte des Familienlebens aussehen kann. Überlegt euch einfache, wiederholbare Muster und wertet regelmässig zusammen aus, um festzustellen, welchem „Fallstrick" (zu organisiert oder zu organisch) eure MG sich stärker annähert. Stellt Fragen zu Engagement, Beteiligung und zum Spassfaktor der MGs-Teilnehmer. So könnt ihr auf dem Weg immer wieder kleine Korrekturen vornehmen und erspart euch grössere Anpassungen in grösseren Abständen.

Erinnert ihr euch an den einfachen Monatsplan jeder MG, den wir als Beispiel angeführt haben? Diese Strukturen sind einfach und wiederholbar.

Haltet es einfach. Fangt an, in diesem Rhythmus zu leben und ladet einfach andere dazu ein. Legt einen anderen Gang ein, wenn es nicht funktioniert.

ZWEI MÖGLICHE
Fallstricke scheinen sich dabei abzuzeichnen: Entweder überhäufen die Leute ihre MG mit Programm, sodass sie einem wie eine Abfolge von Veranstaltungen vorkommt, oder sie treffen sich nicht oft genug, weil sie die Leute nicht „belasten" wollen.

Haltet eine Struktur lange genug bei, damit die Rhythmen greifen können. Manchmal liegt der Schlüssel zum Durchbruch in der Beständigkeit, denn die wichtigsten Veränderungen liegen manchmal in den ganz kleinen Dingen.

Lasst euch auf die Rhythmen ein, die euch im Gebet und Hören am besten erscheinen, und geht den Prozess geduldig an. Es kommt vor, dass MGs-Leiter die regelmässigen, immer wiederkehrenden Aktivitäten mit Essen, Fun, Mission, Gebet und Austausch als langweilig empfinden und versucht sind, für mehr Vielfalt alles etwas „aufzupeppen". Unser dringender Rat: Erliegt nicht dieser Versuchung! Familien entstehen durch Rhythmus und Routine, nicht durch forcierte Massnahmen. Entwickelt einfache, wiederholbare, leichte Rhythmen mit geringem Aufwand und setzt dann euren Plan einfach um. Bringt euch beständig in diesen Rhythmen ein und sorgt für ein wachsendes Oikos-Gefühl; ein Gefühl dafür, als erweiterte Familie auf Mission unterwegs zu sein. Das wird in ziemlich starkem Kontrast zu unserer „Sofort"-Gesellschaft stehen, in der schnelle Lösungen gefragt sind, und in der wir in wenigen Monaten überraschende Erfolge feiern wollen! Lasst euch Zeit, baut eure MG langsam, tief und authentisch.

SÄEN, ERNTEN UND ERHALTEN

Wir möchten euch eine weitere Struktur aufzeigen und das Bild einer möglichen Form für die „Familientreffen" eurer MG malen. Es soll euch Hilfestellung bieten, wie Menschen Jesus und eure Gemeinschaft kennenlernen können, ohne dass ihr einen Riesenaufwand betreiben müsst.

Die Konzepte, mit denen wir uns in diesem Abschnitt befassen, stammen zum grössten Teil aus dem Buch *Sowing, Reaping and Keeping* von Laurence Singelhurst. Ihr erhaltet hier einen Einblick in einen Prozess, den wir häufig bei Nichtchristen beobachten, die christliche Gemeinschaft durch eine MG erleben, zum Glauben an Jesus finden und als Jünger wachsen und reifen können. Dieser Prozess lässt sich nicht vorschreiben oder normieren. Er *muss* also *nicht unbedingt* so verlaufen. Aber hier wird beschrieben, was *vielfach* passiert, wenn Menschen des Friedens sich zuerst am Rand einer MG bewegen und später zu gut ausgerüsteten Jesus-Nachfolgern werden.

Der Ablauf als solcher ist verhältnismässig einfach und lässt sich in Jesu

Gleichnis vom Sämann (Matthäus 13,1-9) nachverfolgen:

1. **Phase des Säens.** Die Samen des Evangeliums werden unter vielen Menschen in unterschiedlicher Tiefe ausgestreut.

2. **Phase des Erntens.** In den Herzen mancher Menschen geht der Same des Evangeliums auf und wächst. Sie gehen darauf ein und entscheiden sich, Jesus nachzufolgen und weitere Schritte im Reich-Gottes-Leben zu tun.

3. **Phase des Erhaltens.** Menschen, die sich zur Jesus-Nachfolge entschieden haben, schlagen tiefere Wurzeln, indem sie an den Jüngerschaftsrhythmen der MG teilnehmen, reifer werden und anfangen, zusammen mit den anderen MGs-Teilnehmern zu säen und zu ernten.

Auch hier sollten wir immer für Ausnahmen offen sein, aber allgemein gesprochen zeigt dieses Bild den Beziehungsprozess, den Menschen des Friedens durchlaufen: vom Nicht-Verbundensein mit Gott und der Gemeinschaft zur vollen Integration in Gottes Reich und in das Gemeinschaftsleben als Jesus-Nachfolger. Sie begegnen Menschen, die Jesus kennen. Sie sehen, wie Gottes Kraft wirkt. Sie werden mit in die christliche Gemeinschaft hineingenommen, und schliesslich hören sie die gute Nachricht von Jesus und reagieren darauf.

Das nebenstehende Diagramm verdeutlicht diesen Prozess:

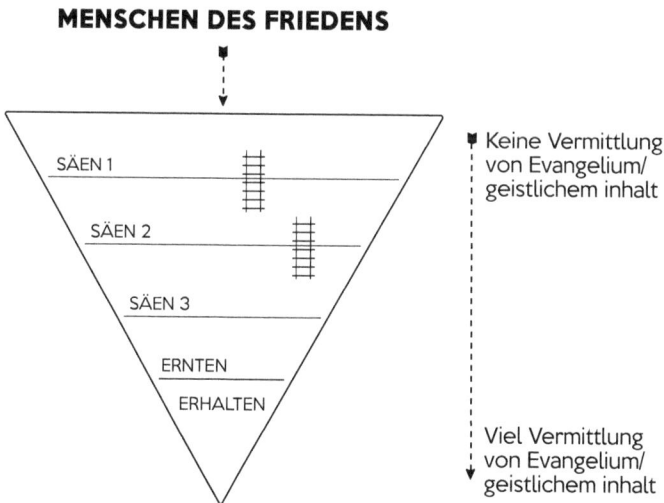

MENSCHEN DES FRIEDENS

SÄEN 1

SÄEN 2

SÄEN 3

ERNTEN

ERHALTEN

Keine Vermittlung von Evangelium/ geistlichem inhalt

Viel Vermittlung von Evangelium/ geistlichem inhalt

Eine Anmerkung zu diesem Diagramm: Oben am Dreieck sind mehr Leute als unten an der Spitze. Sobald der Inhalt zunehmend vom Evangelium und von geistlichen Themen geprägt ist, nimmt die Zahl der Teilnehmer ab. Auch hier gilt: Das *muss* nicht *unbedingt* passieren. Hier wird einfach aufgezeigt, was unserer Erfahrung nach in der Realität *vielfach* passiert (und übrigens auch im Leben von Jesus).

Jetzt wollen wir der genaueren Bedeutung von alldem etwas mehr auf den Grund gehen! Wie ihr seht, unterscheiden wir beim Säen drei „Phasen", die wir hier von eins bis drei nummeriert haben.

SÄEN 1 (S1)

In dieser Phase pflegen die Menschen des Friedens den Kontakt zu euch und zur MG rein auf der Beziehungsebene. Wahrscheinlich wissen sie, dass ihr Christen seid und „in dieselbe Gemeinde geht" (ihr solltet nie ein Geheimnis aus eurem Glauben machen). In diesem Umfeld gibt es keinen offiziellen, als Programm angebotenen Inhalt mit Bezug zum Evangelium und zu geistlichen Themen (ausser natürlich, jemand stellt entsprechende Fragen). Die Leute sollen beim Verabschieden denken:

- „Ich mag diese Leute!"

- „Vielleicht ist Gott gut."

- „Es macht Spass, mit diesen Christen zusammen zu sein. Etwas an ihnen ist anders."

Unser Freund Hugh Halter sagte einmal: „Ich frage mich manchmal, ob Evangelisation sich einfach über die Erwartungen der Leute in Bezug auf Christen hinwegsetzt."[23] Häufig geht es in S1 genau darum. Menschen des Friedens nehmen einfach Tuchfühlung mit eurem *Oikos* auf und sind überrascht, dass sie tatsächlich gern mit euch und euren „Freunden aus der Gemeinde" zusammen sind und sich sehr gern bald wieder mit euch treffen würden.

BEISPIELE FÜR S1

Erinnert ihr euch noch an das Engagement für das Organisierte und das Organische? Die besten S1-Veranstaltungen sind vielfach einfach die organischen Zeiten — Momente, die ihr als MG einfach zusammen verbringt.

....

[23] Wie man das macht, wird in Hugh Halters und Matt Smays Buch The Tangible Kingdom ausführlich erläutert.

- Abendessen mit dir und wenigen Freunden aus der MG

- Mit ein paar Leuten aus der MG Fussball schauen

- Ein Ausflug in den Park mit Leuten aus der MG

- Zusammen mit ein paar Leuten aus der MG ins Kino gehen

Ihr merkt, dass es immer heisst: „mit ein paar Leuten aus der MG". Wenn du Menschen des Friedens zeigen willst, dass sie willkommen sind, besteht etwas vom Einfachsten und doch Wirkungsvollsten darin, **sie in deine Begegnungen mit anderen aus der MG einzubeziehen.** Anstatt den Kontakt zu den Menschen des Friedens einzeln zu pflegen, bring andere Leute mit! Dich im Kontakt mit anderen Christen zu erleben wirkt sich oft viel tief greifender aus als ein Treffen zu zweit.

Hier noch ein paar Möglichkeiten für die „organisierte", die gesamte MG betreffende Ebene:

- Eine grosse Party, zu der jeder aus der MG seine Menschen des Friedens einlädt

- Ein Camping-Ausflug mit der MG und Menschen des Friedens

- Mit Familien in einem Park in der Stadt Brennball spielen und jeder lädt seine Menschen des Friedens dazu ein

Bei S1 geht es im Wesentlichen um das Schaffen von Räumen, in denen Menschen in einem unkomplizierten Rahmen Beziehungen knüpfen können.

SÄEN 2 (S2)

In der zweiten Phase des Säens geht es immer noch stark um Beziehungen, aber der evangelistische/geistliche Inhalt wird schon ein bisschen integriert (Betonung auf „ein bisschen" — keine Predigten!). Die Leute sollen hier dasselbe erleben wie bei einer S1-Veranstaltung, gleichzeitig aber Teile des MGs-Engagements wahrnehmen können, die klarer geistlich ausgerichtet sind.

Beispiele für S2

Ein paar Vorschläge für S2-Veranstaltungen:

- Gemeinsames Essen mit MG und Menschen des Friedens. Bevor ihr anfangt zu essen, teilt jeder etwas mit, wofür er dankbar ist, und dann sprecht ihr ein Tischgebet.

- Ihr trefft euch mit Freunden in einem Buchladen. Die Bücher, aus denen vorgelesen wird, haben in irgendeiner Form einen geistlichen Inhalt, und Menschen des Friedens nehmen mit ihren Kindern daran teil.

- Ihr schaut einen Film und redet mit ein paar Leuten über den geistlichen Bezug – offen für jedermann, nichts ist tabu, alle können sagen, was sie möchten.

- Gemeinsames Essen mit MG und Menschen des Friedens, bei dem jeder von seinen „Hochs und Tiefs" des Tages erzählt. Die Leute aus der MG können berichten, was Gott in der letzten Zeit in ihrem Leben gemacht hat.

IN DER S2-PHASE sind vielfach Geschichten und persönliche Erlebnisberichte der überzeugendste evangelistische/ geistliche Inhalt.

In der S2-Phase sind vielfach Geschichten und persönliche Erlebnisberichte der überzeugendste evangelistische/geistliche Inhalt, weil sie nicht künstlich oder geplant wirken. Die Teilnehmer erzählen einfach, was Gott tatsächlich in ihrem Leben tut, was er vor Kurzem zu ihnen gesagt hat usw. Beim nach Hause gehen denken die Leute des Friedens: „Wow! Ihr Glaube bedeutet ihnen wirklich etwas. Er wirkt sich auf ihren Lebensstil aus und beeinflusst ihre Persönlichkeit. Interessant!"

In unserem Diagramm seht ihr eine Brücke von S1 zu S2 (und von S2 zu S3). Dies zu verstehen ist wichtig. Die Brücke steht für **Vertrauen**. Wenn die Leute von S1 nach S2 kommen, *muss ihnen dieser Schritt bewusst sein.* Anders ausgedrückt: Der geistliche Inhalt des Treffens, zu dem ihr sie einladet, soll keine Überraschung sein. Wenn sie an einer S1-Veranstaltung teilgenommen haben, etwas Ähnliches erwarten und dann evangelistischen/geistlichen Inhalt hören, riecht das für sie, wenn ihr nicht aufpasst, nach einer Lockvogeltaktik, und ihr zerstört die „Vertrauensbrücke". Zerstört diese Brücke nicht, wenn es auch anders geht! Sorgt dafür, dass jeder weiss, wozu er eingeladen wird.

Wenn du beispielsweise einen Menschen des Friedens an ein Treffen deiner MG einlädst, bei dem ihr Überlebenspäckchen an Obdachlose austeilt, kannst du vielleicht sagen:

> „Hey, du hast doch schon mal Geld für Obdachlose gesammelt. Ich wollte fragen, ob du am Samstagmorgen mit mir und ein paar Freun-

MENSCHEN DES FRIEDENS

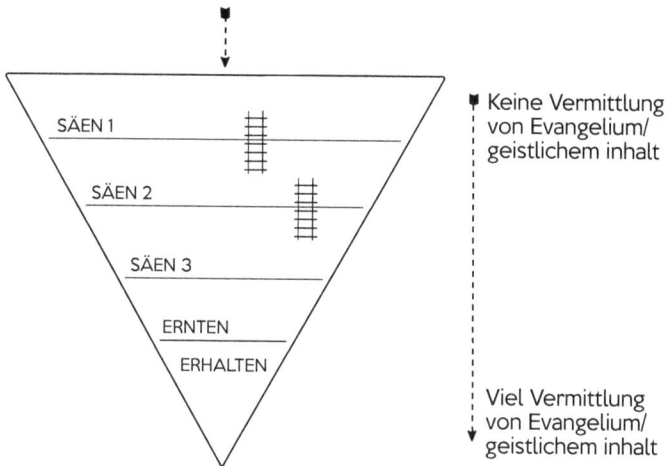

SÄEN 1

SÄEN 2

SÄEN 3

ERNTEN

ERHALTEN

Keine Vermittlung von Evangelium/ geistlichem inhalt

Viel Vermittlung von Evangelium/ geistlichem inhalt

den unterwegs sein möchtest. Wir verteilen Überlebenspäckchen an obdachlose Leute und trinken dann noch mit ihnen zusammen Kaffee, nichts sehr Anspruchsvolles. Oh, und damit du es weisst, wir bieten normalerweise ein paar Obdachlosen, die eine schwierige Woche hinter sich haben, an, für sie zu beten. Du musst natürlich nicht für jemanden beten, ich wollte dich nur ein bisschen vorwarnen. Was meinst du?"

Du musst keine grosse Angelegenheit daraus machen – du solltest ihnen nur rechtzeitig schildern, was läuft, und ihnen auch die Möglichkeit geben, „Nein, danke!" zu sagen, wenn ihnen nicht wohl dabei ist. Nicht alle bewegen sich im gleichen Tempo von S1 zu S2. Oft zerstört man die Vertrauensbrücke, wenn sich die Leute mit unerwartetem geistlichem Inhalt konfrontiert sehen.

SÄEN 3 (S3)

Bis zu diesem Zeitpunkt haben wir die Leute einfach „schmecken und sehen" lassen. Sie haben christliche Gemeinschaft erlebt und beobachtet. Vielleicht haben sie jemanden beten oder von Gottes Wirken in ihrem Leben Zeugnis geben hören. Aber es ist noch nicht offen über das Evangelium geredet worden. Das sollte bei uns keine komischen Gefühle auslösen. Das gleiche Muster sehen wir im Dienst von Jesus: **Er liess die Menschen das Reich Gottes erleben, bevor er es ihnen erklärte.**

JESUS LIESS DIE **Menschen das Reich Gottes** *erleben*, **bevor er es ihnen** *erklärte.*

Wenn wir an das Szenario mit den Menschen des Friedens in Lukas 10 zurückdenken, merken wir, dass den Menschen des Friedens nicht von Anfang an das Evangelium erklärt wurde. Zunächst erlebten sie einfach die gute Nachricht („heilt die Kranken, die dort sind"), und anschliessend bekamen sie eine Erklärung („Das Reich Gottes ist zu euch gekommen"). Menschen erlebten und schmeckten die Güte und Macht Gottes, dann wurde über das Evangelium gesprochen. Erlebnis vor der Erklärung.

Das passiert im Wesentlichen bei unseren Menschen des Friedens in S1 und S2, wenn sie genug Zeit in diesen Phasen verbringen. Sie erleben durch die Gemeinschaft Gottes Güte und kommen in den Genuss einiger „Extras" christlicher Gemeinschaft — schlicht und einfach durch ihr Zusammensein mit einer Gruppe, die nach dem Reich Gottes trachtet. (Und hier sehen wir übrigens, warum ein gesundes Gleichgewicht von UP, IN und OUT so wichtig ist. Die Sachen, zu denen wir andere Leute einladen, sollten wir in unserem Leben umsetzen und erleben.)

In S3 bekommen sie die *Erklärung* für das *Erlebte*. Sie hören einfach das Evangelium, werden aber im Allgemeinen nicht zu einer Reaktion aufgefordert (noch nicht). Sie bekommen Gelegenheit, die gute Nachricht zu hören und zu verarbeiten, Fragen zu stellen und die Bedeutung des Ganzen tiefer auf sich wirken zu lassen. Auch hier muss es von S2 zu S3 eine Vertrauensbrücke geben: Die Leute müssen wissen, auf was sie sich einlassen und dürfen nicht überraschend mit mehr geistlichem Inhalt konfrontiert werden.

BEISPIELE FÜR S3
Ein paar Vorschläge für S3-Veranstaltungen:

- Ein Gottesdienst am Heiligabend. Bei diesen bewegenden, schön gestalteten Gottesdiensten wird oft das Evangelium gepredigt, ohne Aufforderung zu einer erzwungenen Reaktionszeit, die komische Gefühle auslösen kann.

- Ein Gespräch zwischen dir und einem Menschen des Friedens, bei dem ihr durch seine oder ihre Fragen ganz natürlich auf das Evangelium zu sprechen kommt. „Seid jederzeit bereit, jedem Rede und Antwort zu stehen, der euch auffordert, Auskunft über die Hoffnung zu geben, die euch erfüllt" (1. Petrus 3,15). Es lohnt sich, euren MGs-Leuten zu vermitteln, wie man zwanglose Gespräche über das Evangelium führt.

- Als MG zusammen bei jemandem zu Hause Ostern feiern. Über die Ostergeschichte und ihre wahre Bedeutung austauschen.

- Eine Sommerferien-Bibelschule in deinem Stadtviertel, und jemand aus der MG stellt sein Haus/seine Wohnung zur Verfügung. (In dieser Form macht die Ferienbibelschule Spass und wird sehr konkret. Sie hat aktuell an vielen Orten in den USA Anklang gefunden.)

Auch hier gilt: Diese Beispiele decken eine breite Palette verschiedener Möglichkeiten im fliessenden Spektrum von organisiert zu organisch ab. Es reicht von ausgereiften Programmen wie der Ferienbibelschule bis zu zwanglosen, spontanen Gesprächen.

ERNTEN

Die Erntephase unterscheidet sich nur geringfügig von S3. Während in S3 das Evangelium vorgestellt, aber keine Stellungnahme erwartet wird, geht es in der Erntephase darum, den Menschen des Friedens zu einer Antwort auf das Evangelium aufzufordern – ihn oder sie einzuladen, Jesus-Nachfolger zu werden. Zu diesem Zeitpunkt besucht der Mensch des Friedens normalerweise eure MG regelmässig und nimmt an ihrem Leben teil. Er/sie weiss, worum es bei euch geht, und so kommt die Einladung nicht überraschend. Der oder die Betreffende hat die gute Nachricht bereits gehört und kommt immer wieder, weil er oder sie noch mehr möchte — und das heisst ja schon etwas!

In der Erntephase erleben wir, dass der ausgesäte Same auf gutem Boden Wurzeln geschlagen hat, bewässert und gepflegt wurde, zunehmend wächst und jetzt geerntet werden kann.

BEISPIELE FÜR DAS ERNTEN

Einige Vorschläge für das Ernten:

- Im Anschluss an ein Gespräch mit ein paar Freunden aus der MG fragt ihr den Menschen des Friedens, ob sie oder er gemeinsam mit euch Jesus bewusst nachfolgen möchte.

- Eure MG verbringt eine zweitägige Freizeit mit viel Fun, Lachen, Entspannung, Lehre und Worship. Anschliessend können alle mitteilen, was Gott ihnen gesagt hat und wie sie darauf reagieren werden.

- Du hast deinem Menschen des Friedens einfach das Evangelium nähergebracht, und er oder sie ist eindeutig bereit, hier und jetzt eine Antwort zu

> ES IST NICHT DAMIT getan, dass jemand eine „Entscheidung" für Jesus trifft und ein Gebet spricht. Wir haben den Auftrag, Menschen zu Jüngern zu machen.

geben. Nimm die Gelegenheit wahr. Nimm nicht an, dass der oder die Betreffende noch Zeit braucht, wenn der Heilige Geist in diesem Augenblick in seinem oder ihrem Herzen wirkt (auch wenn es bei einer S1-Veranstaltung ist).

ERHALTEN

Es ist nicht damit getan, dass jemand eine „Entscheidung" für Jesus trifft und ein Gebet spricht. Wir haben den Auftrag, **Menschen zu Jüngern zu machen.** Darauf ist unsere Verkündigung des Evangeliums immer ausgerichtet. Wir wünschen uns, dass diese Menschen des Friedens Jesus-Nachfolger werden. Das heisst, sie sind mit uns in der MG zusammen, wenn wir „unser Ding machen". Sie lernen, Jesus nachzufolgen, indem sie sich eurer Familie auf Mission anschliessen und das machen, was ihr macht (weil ihr im Kern eurer MG eine **Jüngerschaftskultur** habt). Sie werden anfangen, selbst Menschen des Friedens zu erkennen und mit ihnen durch denselben Prozess zu gehen. Gleichzeitig nehmen sie als Jünger von Jesus an Charakter und Kompetenz zu, indem sie in der MG dienen und mit Leitungsaufgaben betraut werden.

Anders gesagt: Es genügt nicht, „die Linie zu überqueren". Wir möchten sie im Reich Gottes erhalten und sie als Jesus-Nachfolger wachsen und reifen sehen, damit sie ein fruchtbares Leben führen können. „...dass wir eine Reife erreichen, deren Massstab Christus selbst ist in seiner ganzen Fülle."[24] Wir machen Jünger, die weitere Jünger machen können. Unser Ziel sind nicht einfach Bekehrungen.

> DAS SCHÖNE AN getan, dass jEvangelisation in dieser Form besteht darin, dass jeder in der MG eine Aufgabe hat.

ALS GEMEINSCHAFT EVANGELISIEREN

Das Schöne an Evangelisation in dieser Form besteht darin, dass jeder in der MG eine Aufgabe hat. Jeder hat seinen Platz: der Extrovertierte, der Introvertierte, der Wortreiche, der Stotternde, der soziale Schmetterling und der Gehemmte. Einige Leute können tolle Partys schmeissen. Andere können ei-

[24] Epheser 4,13

nen super Input geben, wenn ihr euch Gedanken über einen Bibeltext macht. Andere stellen ihre wunderbare Gastfreundschaft bei gemeinsamen Abendessen unter Beweis. Wieder andere kümmern sich mit Hingabe um sämtliche Einzelheiten bei der Vorbereitung für ein gelungenes Grillfest. Andere sind ausgezeichnete Vernetzer und können viele Leute in die Gemeinschaft einladen. Die Familie wachsen zu sehen (genau das und nicht mehr ist Evangelisation) wird zur Gemeinschaftsaufgabe! Wir bringen die Menschen des Friedens, denen wir als Einzelpersonen begegnen, in Kontakt mit einer ganzen Gemeinschaft, und so bekommen diese Leute Gelegenheit, „Kirche" als Beziehungsnetzwerk und nicht als Veranstaltung, an der man teilnehmen soll, zu erleben.

Eine Frau aus der MG knüpft zum Beispiel Kontakt zu ihren Nachbarn. Sie baut die Beziehung zu diesen Leuten auf und lädt sie ein, die ganze MG bei strukturierten und informellen Anlässen kennenzulernen. Schlussendlich redet jemand ganz anderes mit ihnen über das Evangelium. Cool! Einige MGs-Leute können unglaubliche Partys planen und veranstalten (S1). Anderen liegt das nicht so, aber sie sind sehr sensibel und merken, wenn jemand offen ist für eine einfühlsame geistliche Bemerkung (S2) oder sie können die gute Nachricht warmherzig und persönlich weitergeben (S3). Wenn wir uns in die verschiedenen Phasen des Säens, Erntens und Bewahrens investieren, kann jeder in der MG eine Aufgabe übernehmen.

LEITERSCHAFT UND MULTIPLIKATION

Und schliesslich war charakteristisch für jede MG in den oben genannten Beispielen, dass sie bereits über eine Form von Leiterschaftspipeline verfügten. Durch die „unter der Oberfläche" der MG bestehende **Jüngerschaftskultur** konnte im Rahmen des Zusammenlebens als erweiterte Familie auf Mission eine zunehmende Anzahl Leiter geschult werden. Darauf muss klar hingewiesen werden, denn nur durch das Heranwachsen von Leitern mit einer *Vision für den Start neuer Reich-Gottes-Projekte* kann man eine MG wirklich multiplizieren.

MISSIONALE GEMEINSCHAFTEN

MISSIONALE LEITER

JÜNGERSCHAFTSKULTUR

IHR MÜSST EUCH über die Multiplikation lange im Voraus, bevor sie tatsächlich ansteht, Gedanken machen.

Neue MGs entstehen nicht einfach, weil ihr einsatzbereite Freiwillige habt. Die MGs müssen von *Leitern mit Vision* geführt werden, und Leiter mit Vision bekommt ihr, wenn ihr sie **bejüngert** und befähigt, die Sachen zu machen, die ihr macht. Da wirklich gutes Bejüngern zeitaufwändig ist, müsst ihr euch über die Multiplikation lange im Voraus, bevor sie tatsächlich ansteht, Gedanken machen.

Befasst ihr euch erst mit der Multiplikation, wenn es an der Zeit ist zu multiplizieren, dann ist es zu spät.

Wir hören beständig von Leitern, dass sie über den Zeit- und Energieaufwand für das Bejüngern und Begleiten neuer Leiter erstaunt sind. Eine MGs-Leiterin sagte, sie wisse, dass es richtig sei, neue Leiter in einem Jüngerschaftsprozess zu begleiten, aber die Zeitdauer stelle für sie eine Herausforderung dar. Sie müsse sich kontinuierlich selbst an die Vision des Jüngermachens erinnern und nicht vergessen, in Gottes Tempo in diesen Prozess zu investieren! Sie nahm sich vor, sich bei Müdigkeit oder Frustration einige Schlüsselsätze und Bibelverse immer wieder vor Augen zu führen. Für die echte Multiplikation einer MG ist bewusste Ausrichtung in dieser Form erforderlich.

Reich-Gottes-Leiter tauchen nicht einfach dann auf, wenn man sie gerade braucht, und sie sind auch nicht das Ergebnis eines sechswöchigen Kurses. Sie müssen durch Jüngerschaft pflegend betreut werden, und es braucht seine Zeit, jemanden gut zu bejüngern. **Beim Aufbau einer Jüngerschaftskultur muss Multiplikation direkt von Anfang an zur DNA der Gemeinschaft gehören.**

MGS SIND EIN grossartiges Transportmittel, das euch zu den missionalen Orten, an die euch Gott beruft, bringt, aber *Jüngerschaft ist der Motor.*

Denkt an unsere Metapher: MGs sind ein grossartiges Transportmittel, das euch zu den missionalen Orten, an die euch Gott beruft, bringt, aber *Jüngerschaft ist der Motor.* Wenn ihr keinen Jüngerschaftsprozess habt, um innerhalb der MG neue Leiter hervorzubringen, sieht euer Fahrzeug vielleicht gut aus, aber es bewegt sich nirgendwo hin. Ein wirklich funktionierender Jüngerschafts-prozess ist entscheidende Voraussetzung, um in das Land der Reich-Gottes-Multiplikation zu gelangen.

Während des gesamten Start- und Führungspro-
zesses der MG seid ihr somit immer mit zwei Sachen gleichzeitig beschäftigt:

1. Ihr macht es und

2. Ihr schult andere darin, es zu machen.

Hier sehen wir das Muster von Jesus. Er brachte
stets seinen Jüngern bei, dasselbe zu tun wie er.
Beim Leiten bringt ihr immer neue Leiter hervor.
Bei eurem Missionseinsatz bringt ihr immer neue
Leiter hervor. Dies beinhaltet immer die Schulung

DIE MULTIPLIKATION
**eurer MG wird
nie schneller
vonstattengehen
als das
Hervorbringen
neuer Leiter, die
tun können, was
ihr tut.**

anderer in den Sachen, die wir selber am Lernen sind, im Auge zu behalten. Zu gesunder Multiplikation kommt es nur, wenn ihr qualitativ hochwertige Leiter habt, und qualitativ hochwertige Leiter bekommt ihr nur durch bewusste Betreuung. Sie empfangen das nicht einfach durch Osmose — ihr
müsst sie schulen. Das Ausmass der Multiplikation wird bestimmt durch das
Vorhandensein gesunder, verbindlich lebender Leiter mit Vision. **Das heisst,
Multiplikation erfolgt nie schneller als Leiterschafts-entwicklung. Die
Multiplikation eurer MG wird nie schneller vonstattengehen als das Hervorbringen neuer Leiter, die tun können, was ihr tut.**

Deshalb ist es so wichtig, schon in einem frühen Stadium des Prozesses potenzielle Leiter zu erkennen und einen Huddle innerhalb der MG zu starten.
Der Huddle dient als Gefäss zur Schulung neuer Leiter in einer MG. Die MG
wiederum ist natürlich einfach die erweiterte Familie, die zusammen missionarisch unterwegs ist und das Umfeld für die Schulung der Leute im Huddle
bietet. So „passen" MGs und Huddles im grösseren Modell von Jüngerschaft
und Mission zusammen.

Wenn es an der Zeit ist, eure MG zu multiplizieren, solltet ihr euch vergewis-
sern, dass der Multiplikation die Vision zugrunde liegt. MGs funktionieren und
multiplizieren sich am besten in einem Umfeld mit **wenig Kontrolle und hoher Verbindlichkeit**, in dem die Leiter selbst auf Gott hören und eine Vision
entwickeln, gleichzeitig aber gut unterstützt und im Hinblick auf verbindliche
und verantwortliche Leiterschaft ausgerüstet werden.

Manchmal geschieht die Multiplikation einer MG durch Zweiteilung. Die eine
Hälfte folgt dem neuen, in der MG herangewachsenen Leiter, die andere Hälf-

te bleibt in der bestehenden MG (für die meistens im missionarischen Engagement eine neue Zeit anbricht). In anderen Fällen multipliziert sich die MG, indem ein Leiter sich mit ein paar Teilnehmern der bestehenden MG „ausgliedert" und aufgrund ihrer Vision eine neue bildet, in die sie wiederum andere Leute hineinholen. Oder aber eine der Kleingruppen innerhalb der MG wird ausgesandt, um neue Leute zu gewinnen und eine neue MG zu starten.

In welcher Form auch immer es bei euch zur Multiplikation kommt, denkt daran: Es kann nur geschehen, wenn ihr beim Leiten der MG Leiter bejüngert.[25]

---

[25] In unserem Buch *Missionale Leiter multiplizieren* wird aufgezeigt, wie man einen beständigen Prozess entwickeln kann, in dem Leiter bejüngert und multipliziert werden.

TEIL 3
PRAKTISCHE TIPPS

9

WARUM MISSIONALE GEMEINSCHAFTEN SCHEITERN

· ·

Bei unserer weltweiten Arbeit mit Leitern, die MGs starten, werden uns alle möglichen praktischen Fragen gestellt. In diesem Teil des Buches findet ihr unsere besten Ratschläge zu einigen praktischen Themen im Zusammenhang mit dem Starten und Leiten von MGs.

WARUM SCHEITERN MISSIONALE GEMEINSCHAFTEN?

Als erstes praktisches Thema wollen wir verbreitete Fehler angehen, die MGs-Leitern unterlaufen. Nicht jede MG ist von Erfolg gekrönt! Es ist Tatsache, dass viele Misserfolge in der einen oder anderen Form zu verzeichnen haben. In unseren Gesprächen mit Leitern haben sich die folgenden 10 Hauptgründe herauskristallisiert.

1) DIE/DER MGS-LEITENDE WEISS NICHT, WIE ER DIE ANDEREN LEITER IN DER MG BEJÜNGERN SOLL.

Das kann unterschiedliche Konsequenzen haben:

- Die MG wird lediglich zu einer Mini-Version der Kultur, in die der/die Leitende Gottes Reich hineintragen möchte. Er oder sie weiss nicht, wie man Leute so bejüngern kann, dass sie Missionare in einer bestimmten Kultur werden. Deshalb lernen sie nie wirklich, „in der Welt, aber nicht von der Welt" zu sein. Stattdessen sind sie „in der Welt und von der Welt" und werden mehr von der betreffenden Kultur beeinflusst, als dass sie die Kultur beeinflussen und erlösen. Die kulturelle Relevanz steht stärker im Mittelpunkt als Jesus.

- Eine weitere Folge unzureichender Bejüngerung seitens des MGs-Leitenden besteht darin, dass die MG zu einem „religiösen Raum" wird und es überaus wichtig ist, wer drin und wer draussen ist. Anstatt durch Lehre die Realität von Gottes Reich und die untrennbar damit verbundene Güte zu beschreiben, wird sie als Verteidigungswaffe eingesetzt. Menschen, die Jesus nicht kennen, erleben die MG, als wenn sie gegen eine Ziegelsteinmauer laufen würden. Hier steht das Gesetz stärker im Mittelpunkt als Jesus.

- Eine jüngerschaftslose MG kann schliesslich zur Folge haben, dass, wenn Menschen zu Jesus finden, niemand da ist, um sie zu bejüngern, weil weder der MGs-Leitende noch die anderen Leiter in der Gruppe wissen, wie man das anstellt. Neubekehrte treten auf der Stelle. Das Leben mit der guten Nachricht, von dem man ihnen erzählt hat, kommt nicht zur Erfüllung. Sie fühlen sich von den anderen abgekoppelt, und innerhalb der MG treten Spaltungen auf.

2) DIE MG HAT KEINE KLARE MISSIONARISCHE VISION.

Ungefähr so könnte die Vision jeder MG auf der ganzen Welt lauten: „Der Grund unserer Existenz besteht darin, Gott zu lieben, Menschen zu lieben und der Welt zu dienen." Was ist daran problematisch? Die Vision ist für eine MG nicht spezifisch genug, denn keine MG kann alle Menschen auf der ganzen Welt lieben. Der Knackpunkt liegt darin, in der Gesellschaft einen „Riss" zu finden — einen Ort, an dem das Evangelium nicht präsent ist, und dort eine Jesus-Gemeinschaft zu bilden. Sie ist nicht allgemein und breit, sondern spezifisch und fokussiert. Wenn ihr das konkrete Viertel oder Beziehungsnetzwerk, zu dem euch Gott beruft, nie wirklich identifiziert, oder wenn ihr nicht die Sachen macht, die dort erforderlich sind, um das Evangelium auszuleben, wird es sehr schwierig sein, die MG zu erhalten, wachsen zu sehen oder sie zu multiplizieren.

Eine der MGs, mit denen wir gearbeitet haben, hat sich beispielsweise auf Künstler in einer bestimmten Stadt ausgerichtet. Dabei handelt es sich um eine sehr klare Vision für ein konkretes Beziehungsnetzwerk. Das ist gut. Die Leiterinnen und Leiter der MG gehörten jedoch zu einer ganz anderen Subkultur, und ein Grossteil der Aktivitäten, an denen die MGs-Leute gemeinsam teilnahmen, fanden Anklang bei anderen aus dieser Subkultur, aber nicht unbedingt bei Künstlern. Schlussendlich entsprach das Verhalten der MGler den Leuten aus ihrer Subkultur, wobei sie sagten, es sei auf Künstler ausgerichtet. Mittendrin war die Gruppe blockiert. Sie konnte nicht mehr wachsen und eine Dynamik entwickeln. Am Ende fanden *weder* Künstler *noch* Leute aus der anderen Subkultur einen Platz in der Familie dieser MG. In diesem Fall musste der Leitende eine Entscheidung treffen: Besteht diese Gruppe für Künstler oder für die Subkultur, zu der wir gehören? Hier musste eine klare Vision formuliert und entsprechend gehandelt werden.

3) BEIM START DER MG SIND NICHT GENUG LEUTE INVOLVIERT.

Einen entscheidenden Fehler sieht man bei vielen MGs: Sie starten mit weniger als 12–15 Erwachsenen in der Kerngruppe. Warum spielt das eine wichtige Rolle? Weil eine MG „erweiterte Familie" sein und auch die entsprechende Dynamik einer Gruppe in dieser Grösse entwickeln sollte. Mission funktioniert mit einer Gruppe dieser Grössenordnung so gut, weil neue Leute, die Jesus nicht kennen, einfach dabei sein, beobachten und Beziehungen knüpfen können, aber sie können, wenn ihnen das mehr entspricht, auch halb anonym bleiben. Da die Gruppe grösser ist als ein typischer Hauskreis, fühlen sich neue Leute nicht unwohl, wenn sie nicht voll mitmachen oder einfach im Beobachterstatus bleiben, während die „Familie" zusammen etwas Geistliches macht. Gruppen dieser Grösse haben Anziehungskraft, Leute kommen einfach dazu.

Mit weniger als 12–15 Erwachsenen greift ihr fast automatisch auf die soziale Dynamik einer Kleingruppe (mit insgesamt 6–12 Teilnehmern) zurück. Bei dieser Art Gruppe teilt sich jeder mit, es wird sehr persönlich und bleibt tendenziell nach innen ausgerichtet. Das an sich ist nicht schlecht. Wenn aber jemand Jesus noch nicht kennt, fühlt die oder der Betreffende sich in einem solchen Umfeld nicht unbedingt wohl. Wir konnten Folgendes beobachten: Wenn die Gruppe auf 12–15 Erwachsene anwächst, verändert sich die Dynamik dahingehend, dass zunehmend die Atmosphäre einer „erweiterten Familie" entsteht. Wird mit einer „Kleingruppen"-Atmosphäre gestartet, gestaltet es sich recht schwierig, in diese Atmosphäre hineinzukommen.

> **EINE MG SOLLTE EINE „erweiterte Familie" sein und auch die entsprechende Dynamik einer Gruppe in dieser Grösse entwickeln.**

Nichtsdestotrotz: Eine der im Vorangegangenen angeführten MGs bestand beim Start nur aus einer Familie. Diese Familie hatte allerdings zuvor mehrere MGs geleitet und war sehr gut im Hereinholen von Leuten im Rahmen der sozialen Dynamik, auf die sie abzielte. Ausnahmen von der Regel „15 Erwachsene" sind:

1) Du bist ausserordentlich gut im Hereinholen von Leuten, und/oder

2) Du bist erprobt im Leiten von MGs, hast das schon ein paarmal gemacht, hast Wachstum und Multiplikation erlebt. Du weisst schon, worum es geht. Wenn du aber sozusagen deine erste Runde drehst, empfehlen wir dir, dich an die allgemeine Regel zu halten und mindestens 15 Erwachsene um deine Vision herum zu sammeln, bevor ihr die MG startet.

4) DIE MG GEHÖRT NICHT ZU EINER GRÖSSEREN GEMEINDE.

Oft sind Leute begeistert von der Idee einer MG und beschliessen, einfach eine ins Leben zu rufen, ohne dass diese einer grösseren geistlichen Gemeinschaft, einer Hauptgemeinde, angehört. Diesen Impuls können wir nachvollziehen, aber in der Realität ist das Leben im missionarischen Grenzgebiet nicht einfach. Es ist ein unglaubliches, tolles Abenteuer. Jedes von euch investierte Gramm Gebet und jeder Einsatz lohnt sich. Aber es ist hart.

Deshalb ist der Anschluss an eine grössere Gemeinde für die MGs wichtig. Sie sollten Verbindlichkeit pflegen, Unterstützung durch andere erleben und regelmässig, wenigstens einmal pro Monat, an einem Gottesdienst mit einer grösseren Gruppe (75 Leute und mehr) teilnehmen. Hier nehmen die MGs wieder wahr, dass sie Teil eines grösseren Ganzen sind; sie hören, wie Gott an anderen Orten wirkt, hören Lehre und Predigten für die grössere Gemeinschaft, nehmen zusammen das Abendmahl und stimmen mit in die gemeinsame Anbetung ein.

Die verstreute Gemeinde kommt zusammen, damit sie sich wieder gut verstreuen kann. Ein Grund für das Zusammenkommen besteht darin, Mission nachhaltig zu gestalten. Eine Gemeinde, die sich nur trifft, aber nie ausstreut, wird „übergewichtig", weil sie die aufgenommenen geistlichen Kalorien nicht verbrennt. Hingegen wird eine Gemeinde, die sich nur ausstreut, aber nicht genug zusammenkommt, schwach und atemlos, weil sie für den Energielevel, mit dem sie im Einsatz ist, nicht genug Kalorien zu sich nimmt. Wir haben erlebt, dass allein funktionierende MGs verwelken und vom Weinstock abfallen, weil man sich im Allgemeinen ohne den Anschluss an eine grössere Gemeinschaft nur sehr schwer selbst erhalten kann. (Bei Gemeindegründungen lässt sich das zum Teil umgehen, aber sie sind auch oft am Kämpfen.)

5) DIE LEITERINNEN UND LEITER LEBEN NICHT VERBINDLICH.

Den MGs liegt der Grundsatz **wenig Kontrolle** und **starke Verbindlichkeit** zugrunde. Manche MGs-Leiter lieben den Anteil mit wenig Kontrolle, sind aber weniger Fans der starken Verbindlichkeit. Wenn MGs-Leitende nicht bereit sind, sich in Bezug auf die von Gott empfangene Vision verbindlich zu machen, handelt es sich um ein geistliches Problem, eine Frage der Jüngerschaft. MGs sind nicht dazu da, abtrünnigen Rebellen die Chance zu bieten, endlich alles nach ihrem Gutdünken zu machen. Der Missionsbefehl liegt uns zu sehr am Herzen, als dass wir uns hier einen Schwachpunkt erlauben können.

Wenn jemand, den du bejüngerst, gegenüber den Leitenden keine Verbindlichkeit eingehen möchte, kann er oder sie nicht MGs-Leiter werden. Der schädliche Anteil des oder der Betreffenden, die sich jemandem mit Autorität nicht unterordnen wollen, wird in den Rest der Gruppe Eingang finden, und das Schädigende wird sich ausbreiten. Bringt Erwartungen bezüglich Verbindlichkeit klar zum Ausdruck, und überprüft, ob diese Vorgaben umgesetzt werden.

6) MISSION WIRD ZU WENIG GELEBT, VOR ALLEM IN DER ANFANGSPHASE.

In den Anfangstagen eurer MG empfehlen wir euch, viel mehr missionarisch aktiv zu sein (OUT), als gemeinsam Gottesdienst zu feiern und Predigten zu hören (UP) oder gemeinsam mit Leuten, die schon zur Gruppe gehören, Freizeit zu verbringen (IN). Ihr müsst in eurem missionarischen Umfeld unterwegs sein und an Aktivitäten teilnehmen, bei denen ihr Menschen des Friedens finden und Beziehungen zu ihnen knüpfen könnt. Im Anschluss daran solltet ihr mit ihnen viel Zeit verbringen. Wenn Mission nicht schon in der Anfangsphase Teil der DNA eurer Gemeinschaft wird, lässt sich das später ohne einen Neustart der

MG fast nicht mehr einbeziehen. Es muss von den MGs-Leiterinnen und -Leitern sowie von der Kerngruppe vorgelebt werden. Ihr könnt den Leuten nicht sagen, was sie tun sollen, wenn ihr es nicht tut, und ihr könnt ihnen nicht sagen, wohin sie gehen sollen, wenn ihr nicht dorthin unterwegs seid.

Ganz pragmatisch betrachtet könntet ihr zum Beispiel Folgendes machen: Jedes Mal, wenn ihr in den ersten drei oder vier Monaten etwas mit Schwerpunkt UP oder IN macht, macht mindestens zwei bis drei Sachen, die nach aussen gerichtet sind und einen missionarischen Schwerpunkt haben (OUT).

Dieser Konflikt ist häufig anzutreffen. Eine MG, die wir kennen, hat sich aus diesem Grund vor Kurzem aufgelöst und nochmal ganz von vorn begonnen. Bei ihrem Start hatten Gespräche, Unternehmungen und der Aufbau der Gemeinschaft im Vordergrund gestanden. Sie wollten den missionarischen Teil einbeziehen, sobald gute Freundschaften gewachsen waren. Sie berichteten dann aber, dass sie sich „gut fühlten" in der MG, dass aber nie die Art von Leben entstanden war, die sie sich gewünscht hatten. Beim Starten der MG hatten sie „seitlich aufeinander geschaut" anstatt nach oben auf Gott und nach draussen zur Welt. Bei ihnen war alles IN, es gab weder OUT noch UP. Sie lösten die MG in der bestehenden Form auf, um neu ihren Blick für eine bestimmte Zeit zuerst nach oben und nach aussen zu richten.

7) DER MGS-LEITENDE IST FÜR ALLES ZUSTÄNDIG.

MGs-Leiterinnen und -Leiter, die versuchen, alles für die Gemeinschaft zu machen, brennen letztendlich aus, und das ist in der Regel auch das Ende der MG. Ein weiteres Problem bei MGs-Leitenden, die alles machen, besteht darin, dass einer der wirksamsten Bestandteile von MGs zu kurz kommt: Weil MGs nicht allzu gross sind, kann *jeder* teilhaben und einen bedeutsamen Beitrag leisten. Wenn in unseren MGs der Nährboden für einen echten *Oikos* entsteht, fangen sie an, wie „kleine Gemeinden" zu funktionieren. So lief es im Grunde genommen bei den Urchristen.

Die von Paulus in den Kapiteln 10–14 des 1. Korintherbriefes erteilten Anweisungen liefern grundlegende Prinzipien für das Zusammenkommen, Funktionieren und die Beteiligung der Mitglieder einer Gemeinschaft von der Grösse einer MG.[26] Aus diesen Textstellen geht eindeutig hervor, dass *das Mitmachen jedes Einzelnen* ein wichtiger Wert war, und darin besteht auch einer der Hauptunterschiede zwischen MGs und Gottesdiensten. In einer MG bringt jeder etwas mit (Essen, ein ermutigendes Wort, ein Gebet, ein Lied usw.). Achtet darauf, dass jeder in eurer MG spürt, dass er oder sie Gelegenheit bekommt, sich aktiv zu beteiligen und auf sinnvolle Weise zur Gemeinschaft beizutragen. Sie sollten auch spüren, dass du als Leiter oder Leiterin nicht einfach alles für alle machst.

Ein MGs-Leiter praktizierte einen kleinen Schritt bei der Delegation von Verantwortung: Wenn jemand Neues beim Treffen auftauchte, machte der MGs-Leiter sie mit den Örtlichkeiten vertraut und stellte ihnen ein paar Leute vor. Dann meinte er: „An deinem ersten Abend zeigen wir dir, wo alles ist. Wenn du nächstes Mal da bist und jemand neu dazu kommt, kannst du sie herumführen und ihnen ein paar Leute vorstellen?"

Man kann auch delegieren, indem man dafür sorgt, dass jeder einen Teil der „Familienaufgaben" übernimmt. Wenn nach einem gemeinsamen Essen in der Küche Chaos herrscht, helfen alle beim Aufräumen. Eine MG gab an, sie hätten sich als ganze MG ausdrücklich vorgenommen, ein Haus sauberer zu hinterlassen als sie es vorgefunden hatten. Wenn man Gastgeber eines MGs-Treffens ist, kann man dadurch gesegnet werden und hat nicht das Gefühl einer Pflichtübung.

8) DIE MG AHMT EINEN GOTTESDIENST ODER EINE KLEINGRUPPE NACH.

Dieser Fehler wird häufig gemacht – meistens wenn man aus den Augen verliert, dass die MG einfach eine Familie ist, die gemeinsam auf Mission geht. Wir bauen Familie und planen nicht einfach Veranstaltungen. Der Fehler passiert jedoch leicht. Gottesdienst oder Kleingruppen sind für die meisten die ihnen vertraute Form christlicher Treffen. Dementsprechend übernehmen sie eine der beiden automatisch als Standard. Das funktioniert aber nicht wirklich. MGs, die

---

[26] Als Paulus diesen Brief verfasste, zählten zu der Gemeinde in Korinth maximal 60 Leute.

MGS, DIE IM GRUNDE genommen kleinere Gottesdienste sind, funktionieren nicht – genauso wenig wie MGs, die im Grunde genommen grosse Kleingruppen sind.

im Grunde genommen kleinere Gottesdienste sind, funktionieren nicht – genauso wenig wie MGs, die im Grunde genommen grosse Kleingruppen sind. Die Treffen fühlen sich irgendwie nicht ganz richtig an, und in der Regel bleiben Besucher nicht. Es wird schwierig, eine Dynamik zu entwickeln, und schlussendlich macht sich Müdigkeit breit.

Je nach Anzahl der Menschen in einem Raum kommen soziologisch gesehen unterschiedliche Dynamiken zum Tragen. Aus soziologischer Sicht sind Gottesdienste im Wesentlichen eine Ausdrucksform des **öffentlichen Raums**, MGs des **sozialen Raums** und Kleingruppen des **persönlichen Raums**.

- Im **öffentlichen Raum** entstehen Kontakte durch einen äusseren Anlass. Man schaut zum Beispiel zusammen Fussball oder geht an einen Vortrag oder in einen Gottesdienst. In der Regel sind hier ab 75 Personen zugegen.

- Der **soziale Raum** lässt mehr an eine private Party, ein Grillfest oder die Eröffnung einer Kunstaustellung denken. Bei diesen Anlässen kann man zwanglos mit anderen Leuten Umgang pflegen. Hier sind in der Regel 20–50 Leute mit von der Partie.

- Im **persönlichen Raum** geht der Kontakt etwas tiefer, zum Beispiel bei einem gemeinsamen Abendessen im kleinen Rahmen oder in einer Gesprächsgruppe. 6–12 Leute sind dafür eine gute Anzahl.[27]

Wenn ihr versucht, mit eurer MG einen Gottesdienst abzubilden, wollt ihr im Grunde genommen mit der Anzahl Leute für den sozialen Raum die Dynamik des öffentlichen Raums auslösen. Das funktioniert schlicht und ergreifend nicht. Da kann man wohl irgendwie nicht mogeln! Es ist wie ein Naturgesetz. Macht also aus euren MGs-Treffen keine kleinen Gottesdienste.

....

[27] Weitere Informationen zu dieser Thematik sind in E.T. Halls Abhandlung über Proxemik und in Joseph Myers Buch *The Search to Belong* zu finden.

9) DIE MG IST EVANGELISTISCH NICHT AKTIV.

In den letzten Jahren haben viele Leute schlecht gemachte Evangelisation erlebt, mit einem starken Mass an Manipulation und Zwang. Der Gedanke an das Weitersagen der guten Nachricht vom Reich Gottes löst bei ihnen Misstrauen aus, sie wollen nicht mit „solchen Leuten" in Zusammenhang gebracht werden. Ausserdem fehlt den evangelikalen Christen (eher in letzter Zeit, nicht historisch gesehen) eine Ausdrucksform des Evangeliums, die sich mit sozialer Gerechtigkeit und Ungerechtigkeit befasst. (Es zeichnet sich positiv ab, dass viele evangelikale Christen wieder rechtmässig Stellung beziehen und die gute Nachricht von Jesus ausleben, indem sie beispielsweise gegen Ungerechtigkeit eintreten.)

Es kann aber durchaus auch vorkommen, dass MGs von einem Extrem ins andere fallen. Sie bewegen sich zum Beispiel von „Nur Evangelisation/keine soziale Gerechtigkeit" zu „Nur soziale Gerechtigkeit/keine Evangelisation".

Einige hegen die Hoffnung, dass Leute allein aufgrund der Liebe, die sie in einer christlichen Gemeinschaft erfahren, ins Reich Gottes kommen. Ihr Motto ist: „Predige das Evangelium allezeit; wenn nötig mit Worten" (was übrigens der Heilige Franziskus nie wirklich gesagt oder geglaubt hat). Gemäss biblischer Aussage sind Worte nötig: „An den Herrn glauben kann man nur, wenn man von ihm gehört hat. Von ihm hören kann man nur, wenn jemand da ist, der die Botschaft von ihm verkündet" (Römer 10,14). Das Evangelium kann nicht nur mitschwingen — es muss verkündet werden!

Evangelisation muss neu zu einem Grundbestandteil unserer MG werden. Ein Teil der Aufgabe besteht darin, den Teilnehmenden zu vermitteln, was das Evangelium wirklich ist. Ein weiterer Teil besteht darin, soweit über uns selbst hinaus zu wachsen, dass wir uns keine Sorgen mehr darüber machen, wie wir von anderen wahrgenommen werden.

Wenn sich eure MG stark für soziale Gerechtigkeit einsetzt (Menschenhandel in der Prostitution, Obdachlosigkeit, Rassenproblematik, Armut usw.), müsst ihr darauf achten, dass eure Strategie auch Evangelisation als wichtigen Bereich einschliesst und ihr in der Fülle des Evangeliums wirken könnt. Die Leute in den MGs müssen in der Lage sein, mit anderen Menschen über die gute Nachricht zu reden. Wir empfehlen euch, Kapitel 3 über das Evangelium (Seite 23) noch einmal zu lesen und euch intensiv darüber Gedanken zu machen, wie ihr eure MG in Evangelisation durch Beziehungen schulen könnt.

10) DIE MG LÄSST SICH NICHT AUF DAS ÜBERNATÜRLICHE EIN.

Wir meinen damit nicht, dass man sich blind auf einige der verrückteren Manifestationen des übernatürlichen Dienstes einlässt. Wenn deine MG aber nicht gut ist im Beten, Hören auf Gottes Stimme, im Sich-Einlassen auf die Gegenwart, Führung *und Kraft* des Heiligen Geistes, wird sie nicht wirklich wachsen und gedeihen können. Stell dir vor: Wie hätten sich die ersten Gemeinden der Urchristen ohne den Heiligen Geist an vorderster Front entfalten können? Wir müssen offen sein zu lernen, wie man sich auf die übernatürlichen Anteile des Dienstes des Heiligen Geistes einlässt, wenn unsere MGs mehr sein sollen als nur Gesellschaftsklubs oder Gruppen mit Weltverbesserern.

Diese 10 Hauptgründe spielen nach unseren Beobachtungen eine Rolle, wenn MGs sich nicht erfolgreich entwickeln. Aber einen Gedanken wollen wir euch noch weitergeben: **Nicht jede MG schafft es, auch wenn ihr allen oben genannten Gründen Beachtung geschenkt habt. Und das ist IN ORDNUNG.** Paulus hatte genauso viele Rückschläge wie Erfolgserlebnisse. Denkt daran: Das Ziel besteht darin, eine Familie auf Mission aufzubauen, einen Oikos, und MGs sind nur die Stützräder. Sie helfen euch, dorthin zu gelangen. Eine einzelne MG, die scheitert, ist an und für sich kein Drama. Wenn euch das passiert, lernt so viel wie möglich aus dem, was hinter euch liegt, nehmt euch Zeit, zur Ruhe zu kommen, haltet die Ohren auf für eine neue Vision vom Heiligen Geist **und nehmt einen neuen Anlauf**.

Denkt an Jesu Gleichnis vom Sämann. Wir streuen einfach Samen aus und halten nach gutem Boden Ausschau. Das ist nicht wie in der modernen Landwirtschaft mit ihren ordentlichen Reihen, wo alles nach einem einheitlichen Muster Frucht trägt. Das Leiten von MGs (und das Leben im Allgemeinen!) ist nicht so.

10

HÄUFIG GESTELLTE FRAGEN ZU MISSIONALEN GEMEINSCHAFTEN

Wir arbeiten weltweit mit Leitenden, die MGs starten und leiten, und werden mit einem Haufen Fragen konfrontiert! In diesem Kapitel gehen wir auf einige der häufigsten Fragen und Problemstellungen in der praktischen Realität bei der Führung einer erweiterten Familie auf Mission ein.

UND WENN WIR KEINE MENSCHEN DES FRIEDENS FINDEN KÖNNEN?

Oft fällt es MGs schwer, Menschen des Friedens zu finden. Einige scheinen an eine Mauer zu stossen, wenn es um Beziehungen zu Nichtchristen geht. Was kann man da machen?

Zunächst, wie oben schon gesagt: Wenn es euch schwerfällt, Menschen des Friedens zu erkennen, müsst ihr vielleicht einfach mehr nach draussen gehen! Suche dir ein Hobby, gehe regelmässig an Orte, an denen Leute ihre Freizeit verbringen – was auch immer. Mach den Schritt nach draussen und schau mal, was Gott dir da möglicherweise zeigt.

Manchmal hindern uns aber auch andere Sachen daran, Menschen des Friedens zu finden. Ein Problem, auf das wir gestossen sind, liegt in der Bereitschaft, sich als Nachfolger von Jesus zu „outen" und sich mit ihm als sein Jünger zu identifizieren. **Als Jesus in Lukas 10 die Jünger aussandte, sollten sie ihn _vertreten_.** Sie sollten _im Namen Jesu_, unter seiner Flagge, als seine Vertreter in die Dörfer gehen. Er sagte ihnen, sie würden dann Aufnahme und Zurückweisung erfahren. Er nahm ihnen ihre Ausreden, ihre Bequemlichkeit und andere Sachen, auf die sie sich normalerweise verliessen (sie wurden als „Schafe unter Wölfe" geschickt). Er wies sie an, was sie tun

UM EINEN MENSCHEN des Friedens zu finden, musst du das Risiko eingehen, einen Menschen des Unfriedens zu finden. sollten, wenn man sie aufnahm oder wenn sie nicht willkommen waren. Er liess keinen Zweifel daran: Auf seine Mission zu gehen bedeutete, sich selbst als Nachfolger von Jesus zu „outen" und zu sehen, wie die Leute darauf reagierten.

Einige werden euch aufnehmen. Andere werden euch zurückweisen. Oder Schlimmeres. Wenn wir uns dem nicht stellen können, können wir auch keine Menschen des Friedens finden.

Anders ausgedrückt: Um einen Menschen des Friedens zu finden, musst du das Risiko eingehen, einen Menschen des Unfriedens zu finden.

Mit der Autorität Jesu ausgesandt zu werden und einfach mit Leuten Zeit zu verbringen — das ist nicht dasselbe. Die Jünger Jesu gingen nicht nach dem Zufallsprinzip in eine Stadt und gaben sich dort als Reisende aus. Sie waren von Jesus als Menschen ausgesandt worden, die in einer Beziehung zu ihm standen. Sie sollten in seinem Namen an bestimmte Orte gehen und ihn vertreten. Sie hatten eine bestimmte Botschaft zu verkündigen und eine konkrete Aufgabe. Jesus sandte sie nicht als Geheimagenten aus. Sie verkündeten klar und offen, dass Gottes Reich durch Jesus nahegekommen war. Der Grund ihres Aufenthalts in der Stadt war kein Geheimnis.

Wir tun uns aus ganz unterschiedlichen Gründen schwer damit, uns voll als Nachfolger von Jesus zu „outen". Vielleicht wollen wir nicht mit aufdringlichen Strassenpredigern oder bestimmten Persönlichkeiten aus dem Fernsehen oder der Politik in Zusammenhang gebracht werden. Vielleicht haben wir Angst vor dem, was Leute über uns denken oder sagen könnten. Vielleicht wollen wir einfach nicht abgelehnt werden. Wenn wir uns damit schwertun, können wir anderen zwar freundlich begegnen und ihnen die Liebe Christi auf unterschiedliche Art zeigen, haben aber einen Knoten in der Zunge und verstummen, wenn wir über den Inhalt unseres Glaubens reden sollten, weil wir nicht mit „solchen Leuten" auf einen Haufen geworfen werden wollen. Wir haben es zugelassen, dass deren „Verkündigung ohne Präsenz" uns in die Rolle „Präsenz ohne Verkündigung" geschoben hat. Wirksames Zeugnis besteht aus Präsenz und Verkündigung.

Werft einen Blick auf die untenstehende Matrix:

VIEL PRÄSENZ

VORLEBEN OHNE REDEN	**VORLEBEN UND REDEN**
• Verkörpert, aber nicht erklärt • Lebensstil ohne Worte • „Nette" Gemeinschaft, keine Transformation	• Verkörpert und erklärt • Lebensstil stimmt mit Aussagen überein • Durchbruch fürs Reich Gottes
KEIN VORLEBEN, KEIN REDEN	**VORLEBEN OHNE ZEIGEN**
• Nicht verkörpert oder erklärt • Keine Worte, kein Lebensstil • Geistliche Apathie	• Erklärt, aber nicht verkörpert • Worte ohne Lebensstil • Heuchelei, verurteilend

WENIG VERKÜNDIGUNG (links) — **VIEL VERKÜNDIGUNG** (rechts)

WENIG PRÄSENZ

Einige unter uns sind beim Evangelisieren eher **präsenzorientiert**. Für sie hat der Beziehungsaufbau zu Nichtchristen den höchsten Stellenwert. Wenn das der Fall ist, müssen wir uns auf den Anteil des Evangeliums einlassen, der **Verkündigung** bedeutet, und lernen, mit anderen konkret über die gute Nachricht zu reden. Andere sind beim Evangelisieren eher **verkündigungsorientiert**. Ihr grösster Wunsch geht in Erfüllung, wenn Ungläubige das Evangelium hören. In diesem Fall müssen wir uns auf den Anteil des Evangeliums einlassen, bei dem es um **Präsenz** geht, und lernen, unseren Glauben authentisch auszuleben und echte Beziehungen zu Nichtchristen zu pflegen.

Wenn ihr als Vertreter von Jesus hinausgeht (in seinem Namen, mit seiner Autorität), dann gilt folgende Aussage von ihm für euch: „Wenn sie euch aufnehmen, nehmen sie mich auf. Wenn sie euch ablehnen, lehnen sie mich ab." Wenn du dich auf irgendeine Art und Weise wegen Jesus oder der guten Nachricht schämst, wenn du nicht bereit bist, dich wie Jesus mit Verachtung und Widerstand konfrontieren zu lassen, wirst du den Menschen des Friedens nicht wahrnehmen. Der oder die Betreffende ist zugerüstet und bereit, Jesus aufzunehmen — und er oder sie kann Jesus in dir nicht sehen, weil du im Grunde genommen „in deinem eigenen Namen" unterwegs bist.

Nicht im Namen von Jesus.

Anscheinend müssen wir eine Grenze überschreiten und eines Todes sterben, bevor wir Menschen des Friedens erkennen können. Wenn wir unser eigenes Ich zu Grabe tragen und uns darauf einlassen können, als „Narren Christi" betrachtet zu werden, finden wir Menschen des Friedens, und wir werden auch auf Ablehnung und Widerstand stossen – wir können das eine nicht ohne das andere bekommen. Dazu aber die gute Nachricht: Wenn wir das akzeptieren und wirklich im Namen Jesu hinausgehen, wird seine Autorität uns umhüllen, und seine Macht wird unser Schutz sein und durch uns hindurch fliessen.

Wenn es uns schwerfällt, Menschen des Friedens zu erkennen, müssen wir uns die Frage stellen: Sind wir bereit, die Grenze zu überschreiten und Verachtung in der Welt zu riskieren, damit wir Menschen des Friedens erkennen und dadurch teilhaben können am Wirken von Jesus, der Menschen wiederherstellt und heilt? Das müssen wir sein, wenn wir aktive Teilhaber an Gottes Wirken in unseren Stadtvierteln und Beziehungsnetzwerken sein wollen.

WIE SIEHT EIN TYPISCHES TREFFEN AUS?

Ihr habt vermutlich an den vorher aufgeführten Beispielen für verschiedene Startvarianten bei MGs gemerkt, dass die Anfangsphase einer MG unterschiedlich aussehen kann. Dasselbe gilt für ein typisches MGs-Treffen. Denkt daran: Es geht um **Grundsätze**, nicht um **Methoden**.

Anstatt euch eine Formel zur Nachahmung zu liefern, möchten wir lieber erleben, dass ihr zu experimentieren anfangt und herausfindet, was in eurem Umfeld und mit eurer Vision funktioniert. Nehmt die im ersten Teil des Buches erläuterten Prinzipien, achtet darauf, dass ihr eine gute Mischung von Gemeinschaft, Gebet, Mission und Training habt – all das durch die Linse von UP, IN und OUT. (Und Essen. Es sollte immer etwas zu essen geben, wenn möglich.) Alles, was Jesus ehrt und sich mit dieser Vision vereinbaren lässt, ist legitim.

Konkrete Beispiele sind immer hilfreich. Deshalb hier ein paar Ideen, wie ihr eure Kreativität in Schwung bringen könnt. Bei euren OUT-Zeiten wird logischerweise eure missionarische Vision die Richtung vorgeben. Die folgenden Vorschläge und Ideen sind vor allem für UP/IN-Treffen gedacht, bei denen die Leute in eurer MG zusammen sind, um Gott und einander näherzukommen und für das missionale Umfeld zu beten.

Ein solches Treffen kann umfassen:

- Essen (eine gemeinsame Mahlzeit ist am besten)
- Kontakt untereinander, Spass haben, lachen, spielen
- Zusammen das Abendmahl nehmen

- Geschichten erzählen (Zeugnisse), besonders über Sachen, für die wir Gott dankbar sind

- Gott loben und anbeten

- Gebet um Heilung oder für andere Anliegen in der MG

- Gemeinsam in der Bibel lesen und reflektieren

- Für das Umfeld beten, das ihr missionarisch erreichen möchtet

- Zukünftige Veranstaltungen planen

Wie schon angesprochen, wird eure MG durch konkrete missionale Aktivitäten im OUT aktiv sein. So könnt ihr in dem missionalen Umfeld, in das Gott euch beruft, dienen und Zeugen sein. Solche Aktivitäten sollten regelmässig stattfinden, damit sie als fester Bestandteil des Lebens eurer Gemeinschaft wahrgenommen werden. Wir empfehlen euch, gleich von Anfang an zusammen missionarisch unterwegs zu sein. Wartet nicht darauf, dass sich die Leute in der Gruppe untereinander besser kennenlernen. Unsere Erfahrung hat gezeigt, dass es sonst mühsam ist, Mission später zu einem Teil des Gemeinschaftslebens zu machen. Am schnellsten entsteht der Zusammenhalt in MGs, deren Mitglieder gleich zusammen missionarische Einsätze starten, weil sie von ihren missionalen Ausflügen gemeinsam erlebte Geschichten „von der Front" mitbringen (über ihre Erfolgserlebnisse und die nicht so erfolgreichen Erlebnisse).

WIE IST ES MIT DEN KINDERN?

Bei MGs, zu denen auch Kinder gehören (das ist bei den meisten, die wir kennen, der Fall), taucht fast immer zuerst diese Frage auf: Was machen wir mit den Kindern? Wie passen sie zu dem, was wir da machen?

Als umfassendsten Grundsatz sollten wir im Auge behalten, dass die MGs uns als Stützräder helfen, das *Oikos*-Fahrrad zu fahren. MGs entwickeln und pflegen das Gemeinschaftsgefühl: Zusammen sind wir eine erweiterte Familie auf Mission! Anders ausgedrückt: **Wir planen keine reibungslose Aufführung – wir versuchen, Familie zu bauen. Und zu Familien gehören auch Kinder.**

In einer Familie machen Kinder und Erwachsene manchmal zusammen ein „Erwachsenending", wie zum Beispiel ein Abendessen oder eine Abendan-

DEMENTSPRECHEND sollten wir uns nicht so sehr fragen: „Wie gehen wir mit den Kindern um?", sondern vielmehr: „Wie können wir unsere Kinder gut bejüngern?"

dacht. Manchmal machen Kinder und Erwachsene zusammen ein „Kinderding", zum Beispiel eine Geburtstagsparty oder Weihnachtsplätzchen verzieren. Und manchmal machen Kinder und Erwachsene getrennt etwas und bleiben doch verbunden. Die Kinder spielen vielleicht nach dem Essen und die Erwachsenen unterhalten sich noch.

Bevor wir das an einigen Beispielen illustrieren, wollen wir noch einmal das überspannende Thema ansprechen. Wir versuchen ja, erweiterte Familien mit einer Reich-Gottes-Mission aufzubauen, anstatt einfach ein Programm zu veranstalten oder uns Gedanken zu machen, was wir mit den Kindern anfangen können. Dementsprechend sollten wir uns nicht so sehr fragen: *„Wie gehen wir mit den Kindern um?"*, sondern vielmehr: **„Wie können wir unsere Kinder gut bejüngern?"**

Das ist letztendlich die Verantwortung und Herausforderung für die Eltern in der MG, zusammen mit dem MGs-Leiter oder der MGs-Leiterin. Dabei werden sie von Mitarbeitern der Kerngemeinde unterstützt und ausgerüstet. Die Frage der Eltern in einer MG sollte sich von „Wer bejüngert meine Kinder?" bewegen zu: „Wie kann ich meine Kinder bejüngern?" Kinder, die zur Gemeinschaft gehören, brauchen Ausrüstung und Jüngerschaft genauso wie die Erwachsenen. Das kann auf unterschiedliche Weise geschehen. Nicht aus den Augen verlieren dürfen wir jedoch, dass es nicht darum geht, was wir in einer MG mit den Kindern anfangen. Wir **möchten sie bewusst zu Nachfolgern von Jesus aufwachsen lassen**. Das rückt vieles ins rechte Licht.

Wir wollen uns beim Nachdenken über Kinder im Jüngerschaftsprozess als hilfreiche Linse die drei wesentlichen Umfelder vor Augen führen, in denen Menschen lernen: Klassenzimmer, Lehre und Eintauchen.

1. **Klassenzimmer.** Wir lernen, indem wir einem Lehrer/einer Dozentin zuhören, die Fakten, Daten und Informationen vermitteln. Damit sind wir sehr vertraut, weil das westliche Bildungssystem sich auf diese Lernmethode gründet. Ob in der Grundschule oder an der Hochschule — das, was uns vorgetragen wird, sollen wir aufnehmen. Entsprechend werden viele Sachen aus der Bibel und die Glaubensgrundlagen Kindern auch so vermittelt.

2. **Lehre.** Eine andere Lernform besteht darin, dass du dich jemandem an-schliesst, der etwas gut kann, ihn oder sie beobachtest und schliesslich dasselbe machst wie die- oder derjenige. Wenn du Chirurg werden willst, machst du im Anschluss an das Medizinstudium ein praktisches Jahr un-ter Aufsicht eines Chirurgen. Du lernst, indem dir der Ausbilder zeigt, wie man etwas macht, und du es schliesslich, mit Feedback vom Ausbilder, selbst umsetzt. Anstatt beispielsweise Kindern nur zu sagen, wie man betet, zeigen wir es ihnen, indem wir mit ihnen zusammen beten und sie es mit uns zusammen ausprobieren können.

3. **Eintauchen.** Du lernst, Sachen zu machen, indem du in die Kultur ein-tauchst. Alle Kinder lernen, ihre Muttersprache fliessend zu sprechen, ohne je eine Unterrichtsstunde zu nehmen. Sie lernen einfach durch Ein-tauchen in die Kultur, in der diese Sprache von den Leuten gesprochen wird. Sie nehmen sie gleichsam durch Osmose auf. Wenn unsere Kin-der sich in einer lebendigen Kultur mit jesusmässiger Liebe und Gemein-schaft bewegen, übernehmen sie das Verhalten, die Sprache, Feinheiten und tiefere Aspekte dieser Gemeinschaft durch einfaches Eintauchen in das Gemeinschaftsleben.

Jede Lernform hat ihre Stärken und Grenzen. Soziologen haben festge-stellt, dass die besten Lernerfolge bei einem dynamischen simultanen Zusammenwirken aller drei Arten erzielt werden: Das im Klassenzimmer Vermittelte gewinnt in der Lehre Gestalt. All das wird verstärkt und gewinnt an Tiefe, Bedeutung und Feinabstufung durch Eintauchen in eine Kultur, die mit dem Gelernten und Geformten in Einklang steht. Am wirksamsten werden Kinder (und natürlich auch Erwachsene) in einer Umgebung geformt, in der Glaube **vermittelt** *und* **greifbar gemacht** wird.

Überlegt euch beim Nachdenken und Beten über die Begleitung eurer Kinder in der MG in der Jüngerschaft, wie ihr diese unterschiedlichen Lernumgebun-gen einbeziehen könnt.

> **Klassenzimmer:** Vermitteln biblischer Geschichten, der grundlegenden christlichen Lehre, der Geschichte der Bibel usw. Kinderprogramme mit geistlichem Schwerpunkt sind dafür sehr gut geeignet.

> **Lehre:** Kinder beobachten, wie die Erwachsenen in der MG die Geschich-te der Bibel ausleben. Sie lernen von ihren Eltern und anderen Erwach-

senen in der MG, wie man betet, Dank sagt, jemandem vergibt, der einen verletzt hat, für Kranke betet, Anbetung leitet, aufräumt, anderen in der MG dient usw.

Eintauchen: Entscheidend ist, dass die MG eine Jüngerschaftskultur pflegt und bewahrt, in der die Mitglieder konkret an die Sachen glauben, über die sie reden, und dementsprechend auch praktizieren. Kinder nehmen schon nur durch ihre Zugehörigkeit zu einer lebendigen christlichen Gemeinschaft *eine Menge* auf.

Interessante Forschungsergebnisse zeigen, dass eine solche Umgebung tatsächlich Kindern die allerbesten Voraussetzungen verschafft, auch als Erwachsene an einem lebendigen Glauben für das ganze Leben festzuhalten. In einer Studie über mehrere Jahrzehnte befassten sich Forscher mit den Faktoren, die eine Rolle spielten, wenn Kinder mit einem lebendigen Glauben aufwuchsen und ihn auch später bewahrten. Die beiden höchsten Korrelationen hatten mit dem Beobachten ihrer Eltern beim Ausleben ihres Glaubens zu tun, womit zu rechnen war. Die dritthöchst Korrelation jedoch (weitaus höher als die Jugendgruppe oder Sonntagsschule) trat auf, wenn Kinder Gelegenheit hatten, ihre Eltern beim Ausleben ihres Glaubens zusammen mit anderen Erwachsenen zu beobachten. Kinder, die bei ihren Eltern und anderen Erwachsenen aus der Gemeinschaft echten Glauben beobachten können, bewahren sehr häufig diesen Glauben auch als Erwachsene.[28]

Wir haben auf den umfassenden Grundsatz hingewiesen, dass es wichtig ist, unsere Kinder gut zu *bejüngern* (anstatt uns einfach mit ihnen zu befassen). Am besten läuft es nach unserer Erfahrung in den MGs, bei denen **alle drei** Arten von Treffen vertreten sind:

Café: zusammen „Erwachsenen-Sachen" machen, und die Kinder machen mit. Bei diesem Treffen essen zum Beispiel alle zusammen, jede/jeder erzählt etwas, wofür er/sie dankbar ist, jemand leitet das Singen von Anbetungsliedern, alle lesen zusammen in der Bibel und nehmen gemeinsam das Abendmahl ein. Die Kinder sind bei allem dabei.

....

[28] Wir gehen mit ziemlicher Gewissheit davon aus, dass diese Forschungsergebnisse aus einer Studie stammen, die vom International Mission Board (http://www.imb.org) durchgeführt wurde, konnten aber vor Drucklegung des Buches nicht an genaue Informationen über die Studie gelangen.

Kinderparty: zusammen „Kinder-Sachen" machen, und die Erwachsenen sind dabei. Bei diesem Treffen feiert ihr vielleicht in der MG alle Kindergeburtstage des betreffenden Monats. Sämtliche Spiele und Aktivitäten sind auf Kinder ausgerichtet, aber alle Erwachsenen beteiligen sich, unterstützen die Party und sprechen Segen über den Kindern aus.

Schule: getrennt, aber parallel Sachen machen. Hier kann zum Beispiel jemand nach dem gemeinsamen Essen den Kindern in einem Raum etwas vermitteln, während die Erwachsenen in einem anderen Raum in kleinen Gruppen miteinander austauschen und beten. Oder die Kinder spielen draussen unter Aufsicht, während die Erwachsenen Pläne für den nächsten OUT-Einsatz der MG besprechen.

Grundsätzlich gibt es bei der Arbeit mit den Kindern in eurer MG nicht eine einzige richtige Form. Wir möchten euch Mut machen, auszuprobieren wie es ist, wenn die Kinder an verschiedenen Bereichen des Gemeinschaftslebens teilnehmen. Lasst sie auf ihre eigene Art teilhaben und etwas beitragen und geht locker mit ihrem kindlichen Reifegrad um. Es geht nie darum, ein reibungsloses Treffen ohne irgendwelche Unterbrechungen hinzukriegen. Wir wollen einfach eine erweiterte Familie auf Mission aufbauen. Familien sind chaotisch (vor allem die mit Kindern). Macht euch also keine Sorgen, wenn ein Treffen nicht so glatt über die Bühne geht. Behaltet das grössere Bild im Auge. Lernen die Kinder, zusammen mit den anderen in der Gemeinschaft, Jesus nachzufolgen? **Es hat uns oft überrascht zu sehen, welch tiefe Spuren diese Erfahrung — beständig Teil einer Familie auf Mission zu sein — in der Seele eines Kindes hinterlässt.**

WIE IST ES MIT TAUFEN, BEERDIGUNGEN, HOCHZEITEN USW.?

Im Zusammenhang mit wichtigen Übergangsritualen wie Taufen, Hochzeiten und Beerdigungen muss jede Gemeinde selbst herausfinden, welche Veranstaltungen in den MGs gehalten werden können und welche zentraler verankert sein müssen. Dabei können die Tradition der Gemeinde, das Umfeld und die Ressourcen eine Rolle spielen. Im

ES HAT UNS OFT überrascht zu sehen, welch tiefe Spuren diese Erfahrung – beständig Teil einer Familie auf Mission zu sein – in der Seele eines Kindes hinterlässt.

Folgenden geben wir euch einige grundlegende Gedanken und Beobachtungen zu den am meisten verbreiteten Übergangsritualen weiter, die auf unseren Erfahrungen und Beobachtungen basieren.

TAUFEN UND EINSEGNUNGEN VON BABYS

Einige Gemeinden, die wir kennen, haben Leute freigesetzt und ausgerüstet, um in ihren MGs Einsegnungen von Babys und Taufen durchzuführen. Der ganze Ablauf ist dann für die Betreffenden und ihre Familien persönlicher. Zusammenkünfte in diesem Rahmen können sich auch als tolle OUT-Veranstaltungen erweisen. Andere Gemeinden wiederum nutzen Taufen und Einsegnungen lieber als Gelegenheit, die ganze Gemeinde zu versammeln und Gottes Wirken zu feiern.

HOCHZEITEN

MGs sind tolle Orte, an denen sich Leute kennenlernen und daten können. Später bieten sie ein tolles Umfeld für die Hochzeitsvorbereitungen! Wenn ein Paar, bei dem beide zur MG gehören, mit den Hochzeitsvorbereitungen startet, spielt die MG dabei oft eine wichtige Rolle. Viele MGs-Leitende werden angefragt, ob sie die Hochzeitszeremonie leiten können. Die MG ist ein wunderbares Umfeld, in dem das Paar nach der Hochzeit wachsen kann. Das macht Sinn, denn die MGs sind ja einfach erweiterte Familien auf Mission!

TOD, TRAUER UND BEERDIGUNGEN

Wenn MGs-Mitglieder einen schmerzlichen Verlust erleiden, erfahren sie oft durch die MG direkte Unterstützung. Schliesslich ist die MG ein tragendes Umfeld — ein Ort, an dem man sie kennt und liebt und wo man sich auch praktisch um sie kümmert. Jemanden zu unterstützen, der den Verlust eines geliebten Menschen betrauert, ist sicher keine einfache Aufgabe. Doch sind es die kleinen Dinge, die den grössten Unterschied ausmachen: eine Liste mit Leuten erstellen, die Mahlzeiten bringen, das Haus putzen, die Familie bei Terminen mit dem Beerdigungsinstitut und Rechtsanwälten begleiten, sie im praktischen Entscheidungsprozess unterstützen usw. All das bedeutet Leuten aus der MG in einer Trauersituation enorm viel. Vielfach haben wir erlebt, dass eine MG durch Unterstützung der Mitglieder hier mehr leisten kann als ein Pastor.

Der Umgang mit dem Verlust selbst sollte nicht allein der MG obliegen. Sie braucht Unterstützung durch Leiterinnen und Leiter oder Mitarbeiter der grösseren Gemeinde. Wenn man sie gut bewältigt, können Trauerzeiten jedoch für eine MG ausserordentlich bedeutsam sein und eine kraftvolle Wirkung entfalten. Wenn man zusammen trauert und sich in Zeiten tiefster Not gegenseitig unterstützt, fühlt man sich wirklich als Familie.

WIE IST ES MIT SEELSORGE?

Wir empfehlen euch, seelsorgerliche Fragen, wenn irgend möglich, zuerst innerhalb der MG anzugehen. Das gehört zu den Dingen, die MGs zu mehr als Veranstaltungsorten werden lassen, nämlich zu echten Gemeinschaften, authentischen Ausdrucksformen des Leibes Christi. Die Leute bekommen Gelegenheit, sich untereinander ganz praktisch Liebe zu erweisen und einander zu dienen. Krankenbesuche und Gebet um Heilung können beispielsweise mit etwas Schulung und Ausrüstung problemlos ganz innerhalb der MG stattfinden.

Auch empfehlen wir den MGs, ihre Mitglieder (vor allem diejenigen mit pastoraler Begabung) an Schulungskurse für Gebets- und Hirtendienst zu schicken. Dort können sie in ihrer Fähigkeit, für andere zu beten und sich um sie zu kümmern, wachsen.

Einige seelsorgerliche Situationen überfordern jedoch den Rahmen der MG. Die Leiterinnen und Leiter der MGs sollten sich nie scheuen, Leiter der grösseren Gemeinde hinzuzuziehen, wenn ihnen ein Fall zu komplex oder schwierig erscheint und sie sich überfordert fühlen.

WIE IST ES MIT GELD UND KOLLEKTEN?

Wie geht man in der MG mit Geld um? Es gibt nicht nur eine richtige Form. Das von uns nachstehend aufgezeigte Modell hat sich jedoch unseres Erachtens am meisten bewährt.

Geben des Zehnten und Opfer sind die Linse, die unsere Gedanken zum Thema Geben prägt. Mit dem Zehnten geben wir 10 Prozent unseres Einkommens regelmässig, konstant und in einem bestimmten Rhythmus für Reich-Gottes-Arbeit. Wenn wir mit Leuten über ihre persönliche Planung in diesem Bereich sprechen, vermitteln wir ihnen dies als allgemeine Faustregel. Das Opfer möchten wir Gott über den Zehnten hinaus darbringen.

Wir empfehlen, dass der Zehnte in die Kerngemeinde fliessen soll, denn sie stellt Raum, Schulung, Ausrüstung und Unterstützung für die MG be-

reit. Nur so kann die MG bestehen und gedeihen. Auf diese Weise entsteht innerhalb der MG die Einstellung: „Wir sind hier alle zusammen dabei" und nicht „Hier geht es in erster Linie um uns". Das Geben an die Kerngemeinde hält uns vor Augen, dass die MG zu einem grösseren Ganzen gehört.

(Noch etwas zum Geben des Zehnten: Wir empfehlen euch als Teil des Jüngerschaftsprozesses in eurer MG sehr, euren Leuten dafür einen Dauerauftrag ans Herz zu legen. Unseres Erachtens kann man so am besten bewusst und verbindlich geben und es bleibt nicht beim sporadischen, privaten Geben. Wenn man das bewusst in Angriff nehmen möchte, bewährt sich etwas Automatisches!)

Über den Zehnten hinaus können in der MG für konkrete Bedürfnisse und bei entsprechenden Gelegenheiten Opfergaben zusammengelegt werden. So braucht zum Beispiel jemand in der MG Geld für die Miete oder die Abzahlung einer Hypothek. Anstatt diejenige oder denjenigen an einen zentralen Unterstützungsfonds der Gemeinde zu verweisen, ist es völlig angemessen, wenn Leute aus der MG ihr oder ihm persönlich Geld geben, damit sie oder er die Miete zahlen kann (wie es jede Familie auch machen würde). Dieses Geld wird über den regulären Zehnten hinaus gegeben. Opfer werden nach Ermessen des MGs-Leiters zusammengelegt.

Sollten die MGs Finanzmittel aus dem allgemeinen Gemeindefonds erhalten? Generell brauchen 95 Prozent der MGs keine Finanzmittel in dieser Form. Denkt daran: MGs sind erweiterte Familien auf gemeinsamer Mission. Die meisten Bedürfnisse können organisch abgedeckt werden. Ihr seid gemeinsam missionarisch unterwegs, und jeder trägt etwas bei. Dies gilt mit Ausnahme der MGs, die Randständige und Arme erreichen wollen. Ein Einsatz in diesem Ausmass erfordert manchmal mehr Mittel, als die Mitglieder des Kernteams der MG beisteuern können. Dann kann eine Gemeinde der MG durchaus Finanzmittel aus dem zentralen Haushalt zur Verfügung stellen.

ES IST EUCH wahrscheinlich nicht entgangen: Für uns spielt das Essen eine ganz wichtige Rolle!

WIE IST ES MIT DEM ESSEN?

Es ist euch wahrscheinlich nicht entgangen: Für uns spielt das Essen eine ganz wichtige Rolle!

Schon seit den Anfängen der Menschheitsgeschichte hat das Zusammensitzen an einem Tisch und gemeinsames Essen das Gemeinschafts- und Familiengefühl gestärkt. Wir legen euch deshalb nahe, bei jedem eurer MGs-Treffen für Essen zu sorgen. Es ist wirklich so wichtig.

Aber ihr müsst nicht das ganze Essen selber machen! Ihr seid kein Restaurantbesitzer, der seine Kunden bedient. Ihr steht im Prozess, eine Familie auf Mission zu werden, und in einer Familie leistet jeder einen Beitrag. Macht eine Liste, wann wer Snacks mitbringt. So könnt ihr als Gemeinschaft die Last miteinander tragen. Wenn ihr eine richtige Mahlzeit zusammen esst, soll jeder etwas zum Teilen mitbringen — genug für die eigene Familie und ein bisschen mehr, damit Vielfalt und Fülle entstehen. Gastfreundschaft allgemein und das Bewirten von Gästen bei sich zu Hause auf spezielle Einladung hin sind zwei verschiedene Sachen. Du bietest hier keine Show und bist auch kein Dienstleister, sondern du gehörst zu einer Familie, die zusammen isst.

Bitte die Leute auch und erwarte von ihnen, dir anschliessend beim Aufräumen zu helfen. Auch hier gilt: Ihr seid eine Familie auf Mission, und dementsprechend hat jeder Aufgaben, die zum Funktionieren des Familienlebens beitragen. Eine unserer erprobten Taktiken: Wir bitten jemand Bestimmten, eine bestimmte Aufgabe zu übernehmen. „Martha, könntest du diese Stühle zurück in die Garage tragen? Danke!" oder „Roger, kannst du mir bitte helfen, die Spülmaschine einzuräumen?" Wir verfallen schnell in die Gastgeberrolle und haben das Gefühl, das Haus müsste blitzsauber sein, bevor Leute kommen, und wir müssten nachher alles aufräumen. Aber so funktioniert das Zusammenleben in einer Familie nicht. Sorgt dafür, dass Leute früher da sind, um euch beim Aufstellen zu helfen, und dass Leute anschliessend mit euch zusammen aufräumen. Das gehört genauso zu einem Treffen wie alle anderen Bestandteile.

WIE GROSS SOLLTE EINE MISSIONALE GEMEINSCHAFT SEIN?

Im ersten Teil des Buches haben wir als Richtzahl für eine missionale Gemeinschaft 20–40 Teilnehmer angegeben. Das ist aber nicht in Stein gemeisselt. Die gute Grösse einer MG hängt von vielen verschiedenen Faktoren ab – von der Raumgrösse über die Kultur eures Umfelds bis hin zur Kapazität der MGs-Leiterin oder des MGs-Leiters.

Beispielsweise sind MGs in der Innenstadt tendenziell kleiner als MGs in Vororten, hauptsächlich weil die Räume für die Treffen kleiner sind. In Grossbritannien haben wir meistens eine Grössenordnung von 18–30 Leuten. In amerikanischen Vororten hat es auch schon MGs mit über 60 Teilnehmenden gegeben. Es kommt ganz darauf an. Dein Verantwortungsbereich als MGs-Leiter oder MGs-Leiterin beinhaltet das Erkennen des richtigen „Deckels"[29] für eure MG. Bilde Leute im Jüngerschaftsprozess zu Leitern heran, damit ihr euch bei Erreichen dieser Obergrenze multiplizieren könnt.

Allgemein gesagt sollten MGs eine mittlere Grösse aufweisen, das heisst, sie sollten grösser als eine Kleingruppe, aber kleiner als eine Gesamtgemeinde sein. Ihr solltet euch als Ziel mindestens 12–15 Erwachsene plus Kinder setzen. Bei weniger als 12 Erwachsenen in einer MG entsteht ein Kleingruppengefühl. Langfristig missionarische Aktivitäten aufrechtzuerhalten wird dann schwierig, weil ihr zu wenige seid und euch der Mut für dieses Wagnis fehlt.

WIE GEHEN WIR MIT KONFLIKTEN UM?

Beim Umgang mit Verletzungen und Konflikten glauben wir an die wörtliche Umsetzung der Grundsätze aus Matthäus 18,15-35. Das heisst, kritische Themen rasch anzusprechen, zuerst auf die Person zuzugehen, mit der wir ein Problem haben und vor allem nach Versöhnung und Vergebung zu trachten. Legt den Leuten in eurer MG nahe, für die Situation zu beten und respektvoll und behutsam vorzugehen. Lässt sich die problematische Situation durch einen offenen Dialog der Betroffenen nicht lösen, kann die Leiterin oder der Leiter der MG als neutraler Mediator dazukommen und zu einer Lösung beitragen. Sind diese Bemühungen nicht von Erfolg gekrönt, sollte die Sache einem Mitglied der Gemeindeleitung anvertraut werden.

MGs-Leitende können eine Kultur, die sich auf Matthäus 18,15 gründet, fördern. Wenn MGs-Teilnehmer mit Anschuldigungen gegen andere aus der MG oder Problemen mit anderen Mitgliedern zu ihnen kommen, sollten sie nicht darauf eingehen, es sei denn, der- oder diejenige hat bereits mit dem Bruder oder der Schwester, mit dem sie einen Konflikt haben, gesprochen. So können wir den MGs-Leuten biblische Konfliktlösung und Vergebung vorleben. Bei konsequenter Umsetzung wird die MG mit dieser Kultur für alle zu einem Ort des Friedens und der Sicherheit. Wir können dann nur noch staunen. Beim Einhalten von Matthäus 18,15 lohnt es sich, pedantisch zu sein.

....

[29] Mit „Deckel" ist die Zahl gemeint, über die ihr nach Erreichen irgendwie nicht hinauskommt. Es ist, als ob jemand eurem Wachstum als Gemeinschaft einen Deckel aufsetzt.

WIE SIEHT ES MIT MISSIONALEN GEMEIN-SCHAFTEN IN ÄRMEREN STADTVIERTELN AUS?

BEIM EINHALTEN VON **Matthäus 18,15 lohnt es sich, pedantisch zu sein.**

Wenn ihr eine MG unter einer Minderheitengruppe in einem ärmeren Stadtviertel startet, möchten wir euch (vor allem, wenn ihr nicht selbst zu dieser Minderheit gehört) hier ein paar kurzgefasste Ratschläge geben.

Schickt da keinen Haufen weisser Leute hin. Auch wenn ihr eine Menge Leute habt, die bei dieser MG mitmachen wollen, heisst das nicht, dass sie alle zusammen da einfallen sollten. Unsere Erfahrungen haben gezeigt, dass sich am Anfang höchstens vier Leute (plus eventuelle Kinder) in ein Stadtviertel begeben sollten. Menschen aus Minderheitengruppen fällt es aus unterschiedlichen Gründen (wovon die meisten berechtigt sind) schwer, weissen Leuten aus der Mittelschicht zu vertrauen. Errichtet keine Barrieren, wenn sich das vermeiden lässt. Wenn eine Truppe weisser Leute im Stadtviertel einmarschiert, begegnet man ihnen mit Misstrauen und Unbehagen. Das Manöver wird als arrogant empfunden.

Entdeckt den Menschen des Friedens. Wer lebt gut integriert in diesem Stadtviertel, das ihr erreichen möchtet? Wem vertrauen die Leute dort, und wer kann als Türöffner dienen? Dieser Mensch des Friedens sollte voll am Gemeinschaftsleben Anteil haben, während eine Beziehung zu euch entsteht und er oder sie erste Schritte auf Jesus zu macht. Wenn sie zum Glauben kommen, sollten sie Teil des MGs-Leitungsteams werden. Wir brauchen jemanden als Leiter, der oder die „so aussieht" wie Leute in diesem Viertel. Als Paulus in Philippi das Evangelium predigte (Apostelgeschichte 16), reagierte Lydia auf die Botschaft und war der Mensch des Friedens — eine Leiterin, die „aussah" wie jemand aus Philippi und als Türöffnerin für weitere Gebiete dieser Stadt dienen konnte.

Startet nicht mit neuen Sachen. Versucht nicht, mit einem neuen Programm oder Plan für diese Gruppe einzufahren, während ihr auf der Suche nach dem Menschen des Friedens seid. Wahrscheinlich gibt es auch schon andere Gruppen, die in diesem Viertel tätig sind. Schliesst euch ihnen an. Denkt daran: Ihr haltet nur nach einer wichtigen Beziehung Ausschau. Und vergesst nicht, dass das Finden der richtigen Person Zeit erfordern kann. Nach unseren Erfahrungen kann es sechs bis zwölf Monate dauern, bis man die erste Beziehung zu einem Menschen des Friedens geknüpft hat.

Plant nicht im Voraus, wie eure MG aussehen soll. Erst durch das Entdecken des Menschen des Friedens werdet ihr wissen, welche Gestalt eure MG annehmen wird. Tretet nicht mit einem Superplan zur Rettung der Menschen in diesem Viertel auf. Stellt den Leuten Fragen anstatt ihnen Antworten zu liefern. Haltet inne, schaut euch um und hört auf das, was euch die Menschen und das Stadtviertel zu sagen haben. Findet heraus, wo Gott bereits am Wirken ist. Der Mensch des Friedens und die ihm oder ihr nahestehenden Leute werden, mit eurem Coaching, den Rhythmus der MG prägen.

Seid beständig und engagiert euch langfristig. Menschengruppen in armen städtischen Gegenden ändern sich nicht über Nacht. Nach Aussagen von Stadtsoziologen sind für bleibende Veränderungen in der Regel zwei Generationen erforderlich. Gemessen an den meisten Standard-Gemeindeprogrammen ist das eine lange Zeit! Hier ist nicht gemeint, dass sich eure MG dem Stadtviertel 50 Jahre lang verpflichten muss – aber ihr müsst mit realistischen Erwartungen an die Sache herangehen und bereit sein, euch beständig und geduldig über längere Zeit zu investieren. Nur dann kann etwas Gestalt gewinnen.

Beim Thema MGs in ärmeren Stadtvierteln ist natürlich vieles zu bedenken. Wir denken aber, dass ihr jetzt über die wichtigsten Sachen Bescheid wisst, die man am Anfang in die Überlegungen einbeziehen sollte. Der Heilige Geist kann Fehler, die ihr unterwegs macht, ausbügeln. Wir empfehlen euch aber, nicht von diesen Grundsätzen abzuweichen.

WIE WIRKT SICH MEINE BEGABUNG IM FÜNFFÄLTIGEN DIENST IN DER MG AUS?

Je nach deiner Grundbegabung gemäss Epheser 4 (wo aufgezeigt wird, dass jeder von uns als Apostel, Prophet, Evangelist, Hirte oder Lehrer geschaffen wurde) wirst du deine MG anders leiten als jemand mit einem anderen Grunddienst.[30] Mit anderen Worten: Wenn du Apostel bist, wird die Art, wie du deine MG startest, führst, aufbaust und multiplizierst, in vieler Hinsicht anders aussehen als bei jemandem, der zum Beispiel Lehrer ist. (Und so sollte es auch sein!)

....

[30] Mehr zum fünffältigen Dienst in *Eine Jüngerschaftskultur aufbauen* auf http://fivefoldsurvey.com

Wir geben im Folgenden einige Beobachtungen zu der Frage wieder, wie jeder Grunddienst die Leitung der MG prägt.

APOSTEL

Apostel sind **zukunftsorientiert**. Ihre grundlegende Frage ist: „Führen wir die Christen zu ihrer Bestimmung?"

Von Aposteln geführte MGs üben normalerweise eine magnetische Anziehungskraft auf viele unterschiedliche Leute aus. Sie kreisen um den Leitenden, der oder die in der Regel über grosses Charisma verfügt und gut Leute zusammenbringen kann. Vielfach wachsen Gruppen unter der Leiterschaft von Aposteln am schnellsten. Häufig multiplizieren sie sich durch Aufteilung in zwei Hälften, weil sie durch das schnelle Wachstum unter Druck kommen. Reife Apostel sollten ihre Energie und ihren Einsatz in gutes Bejüngern neuer Leiter investieren und ihre Fähigkeiten im Ausführen eines solchen Manövers weiterentwickeln (solange sie neue Leiterinnen und Leiter innerhalb der MG bejüngern). Der Multiplikationsprozess kann für sie mit pastoralen Landminen befrachtet sein, da das Multiplizieren einer MG für einige Leute auf der Beziehungsebene nicht gerade einfach ist.

PROPHETEN

Propheten fokussieren auf **Integrität und Gerechtigkeit**. Ihre grundlegende Frage lautet: **„Hören die Christen Gottes Stimme und reagieren sie wirklich darauf?"**

Propheten legen tendenziell den Schwerpunkt auf Mission, sind aber nicht ganz so evangelistisch wie andere Typen. Beim praktischen Vorgehen bevorzugen sie starke Sichtbarkeit. Sie wünschen sich, dass die Verkündigung des Evangeliums noch radikaler durch Inkarnation erfolgt. Sie und ihre Gruppen sind demzufolge oft ziemlich radikal und an die Mitglieder werden hohe Anforderungen gestellt. Wenn du beispielsweise eine MG in einem schwierigen städtischen Umfeld kennst, und es wird viel geredet über das Zurückgewinnen der Stadt durch ihre Gegenwart und ihr Engagement mit entsprechenden Aktionen unter den Menschen auf der Strasse, dann handelt es sich wahrscheinlich um eine MG mit ausgeprägt prophetischer Leiterschaft. Solche Gruppen können durch Multiplikation wachsen, aber sie behalten vielfach das Kernteam bei und schaffen Raum dafür, dass neue Aktivitäten als Ableger in einem neuen Kontext entstehen.

EVANGELISTEN

Evangelisten **richten sich auf neues Leben aus**. Sie stellen sich die grundlegende Frage: **„Kommen mehr Leute in Gottes Reich?"**

Evangelisten begeben sich in dem gewählten missionarischen Umfeld normalerweise sofort mit Begeisterung auf die Suche nach Menschen des Friedens. Sie erkennen Türöffner für dieses Umfeld und investieren in sie, indem sie Zeit mit ihnen verbringen. Oft kann man beobachten, wie Evangelisten buchstäblich paarweise ausschwärmen, Menschen des Friedens finden, Beziehungen aufbauen und durch die Betreffenden ein ganzes Viertel erreichen, das bis dato nicht erreicht war. Die Evangelisten trachten danach, die Gruppe jemandem zu übertragen. Sie selbst ziehen weiter in eine neue Umgebung, oder sie senden andere zu zweit aus, um an einem anderen Ort etwas Ähnliches zu starten.

LEHRER

Lehrer **richten sich auf die Wahrheit aus**. Sie stellen sich die grundlegende Frage: **„Beschäftigen sich die Christen intensiv mit der Bibel und leben sie die Botschaft aus?"**

Lehrer begeben sich vielfach in ein schon bestehendes Umfeld, in dem das Weitersagen der guten Nachricht mühsam ist oder fast gar nicht mehr erfolgt. Sie möchten beispielhaft vorleben, wie man das Leben als Christ in den Bereichen Anbetung, Gemeinschaft und Mission gestaltet. Reife Lehrer machen das mit sehr viel Demut — meistens sieht es gar nicht so aus, als ob sie etwas vermitteln. Sie bleiben über längere Zeit. Viele von ihnen schauen sich aber schliesslich nach einer neuen Umgebung um, in der ihre Unterstützung gebraucht wird, und übergeben die Gruppe. Lehrer senden neue Gruppen aus, die sie gründlich vorbereitet und mit einer klaren Herangehensweise ausgerüstet haben. Lehrer lieben klare Vorgaben!

HIRTEN

Hirten **richten sich auf Transformation aus**. Sie stellen sich die grundlegende Frage: **„Erleben die Christen Transformation, Heilung und Erlösung?"**

Hirten wünschen sich, Menschen und Gemeinschaften an die Transformation heranzuführen. Dafür knüpfen und pflegen sie langfristige Beziehungen. Hirten legen grossen Wert auf Ganzheitlichkeit – sie wollen sich ganz in ihr Umfeld hineingeben. Auch wenn am Anfang nicht alles so toll ist, gehen sie mit einem langen Atem an die Sache heran. Dadurch kann im Laufe mehrerer Jahre Transformation in erstaunlichem Umfang geschehen. Wir haben festgestellt, dass dieser Ansatz vor allem in den Vororten gut funktioniert. Da Beziehungen bei allem, was Pastoren unternehmen, im Mittelpunkt stehen, kann das Multiplizieren der MGs für sie schwieriger sein. Ihnen fällt es leichter, sich als „Ableger" oder „Spross" einer kleinen Gruppe weiter zu entwickeln und ihre Aktivitäten in ihr Viertel oder vielleicht eine Strasse in der Nachbarschaft hineinzutragen.

WIE MACHT MAN EINEN GEBETSSPAZIERGANG?

Durch Gebetsspaziergänge kann man extrem viel für die Veränderung eines Stadtviertels bewirken. Sie sind eine ausgezeichnete, niederschwellige OUT-Aktivität, mit der man der MG einen Schub Richtung Mission geben kann. Wir haben unzählige Geschichten darüber gehört, wie Gottes Reich in einer Gegend Einzug halten konnte, nachdem Leute aus einer MG einige Monate lang treu betend herumgelaufen waren. Man könnte fast meinen, Gott hört und erhört Gebete tatsächlich!

> **DURCH** Gebetsspaziergänge kann man extrem viel für die Veränderung eines Stadtviertels bewirken.

Eine MG machte einige Monate, bevor sie überhaupt öffentlich aktiv wurde, Gebetsspaziergänge in ihrem Viertel. Nach einigen Malen hatten sie interessanterweise alle den starken Eindruck, sie sollten sich auf eine Hälfte des Viertels (etwa 90 Familien) konzentrieren. Sie empfanden das als Reden Gottes, setzten es um und durften einen unglaublichen Durchbruch erleben. Die Leute waren aussergewöhnlich offen und bereit für das Evangelium. Dutzende Menschen kamen zum Glauben, und sie konnten schliesslich eine zweite MG starten. Angefangen hatte alles mit ihrer verbindlichen Bereitschaft, in diesem Viertel herumzulaufen und zu beten.

Hier einige Ratschläge für Gebetsspaziergänge.

Macht einen Spaziergang durch euer Viertel, in kleinen Gruppen mit zwei bis vier Leuten oder allein, und:

- Bittet Gott, euch spüren zu lassen, was er für die Menschen in diesem Viertel auf dem Herzen hat.

- Betet dafür, dass der Heilige Geist den Menschen, die dort leben, den Vater offenbart.

- Fragt euch: Wie würde das aussehen, wenn es an diesem Ort das Reich des Vaters genauso gäbe wie im Himmel?

- Bittet Gott um Einsicht, wie ihr die Menschen hier so lieben und ihnen dienen könnt, dass sie es verstehen.

- Bittet Gott, euch bei diesen Spaziergängen Gelegenheiten für Gespräche und Interaktion mit Leuten zu schenken.

- Haltet beim Laufen immer wieder inne und redet mit allen, die euch über den Weg laufen. Nicht: „Hey, ich bin auf einem Gebetsspaziergang. Kann ich mit dir beten?" Mehr im Sinne von: „Hallo, wie geht's dir heute?"

- Bittet Gott, euch in diesem Viertel Menschen des Friedens zu zeigen.

- Bittet um Gnade für alles, was ihr als MG macht.

- Bleibt ansonsten die meiste Zeit über im Gespräch mit Gott. Redet mit ihm und hört auf ihn.

Nehmt euch anschliessend Zeit, Sachen, die euch beim Spaziergang aufgefallen sind oder die ihr von Gott gehört habt, aufzuschreiben oder zu besprechen. Werdet dementsprechend aktiv und plant euren nächsten Gebetsspaziergang!

SCHLUSSFOLGERUNG
KLEINE SACHEN MIT GROSSER LIEBE

„Sucht nicht nach grossen Sachen.
Macht einfach kleine Sachen mit grosser Liebe."
— Mutter Teresa[31]

Im Jahre 165 nach Christus wurde das Römische Reich von einer schreck-lichen Epidemie heimgesucht. Die Geschichtswissenschaftler haben keine Kenntnis von der genauen Krankheit (einige nehmen an, es habe sich um Pocken gehandelt). Eines aber ist sicher: Extrem viele Menschenleben fie-len ihr zum Opfer. Die Epidemie hielt 15 Jahre an und forderte ein Viertel bis ein Drittel der Bevölkerung des Römischen Reiches. Beinahe ein Jahrhundert später richtete eine weitere Plage in der römischen Welt ungeheuren Schaden an. Wiederum kamen Menschen in ungeheurer Zahl zu Tode. Berichten zu-folge starben in der schlimmsten Phase der Epidemie allein in der Stadt Rom *täglich* 500 Menschen.[32]

Inmitten des täglichen Horrors und angesichts der überall sterbenden Fami-lienmitglieder und Freunde kehrten viele Einwohner der Stadt den Rücken und flüchteten aufs Land – vor allem Leute aus privilegierten Schichten, die sich in ihre Anwesen auf dem Land zurückziehen konnten, bis die Verwüstung vorüber war. Die heidnischen Priester und Philosophen der damaligen Zeit konnten weder mit Erklärungen für die Katastrophe aufwarten noch ihrem Fortschreiten Einhalt gebieten. Viele von ihnen rannten einfach um ihr Leben.

Derartige Reaktionen sind wahrscheinlich in einer Zeit grosser Katastrophen und Umstürze zu erwarten. Interessanterweise reagierte eine Gruppe nicht mit panikartiger Flucht aus der Stadt. Die Menschen dieser Gruppe blieben bewusst in den Städten, um sich um die Kranken und Sterbenden zu küm-mern. Was immer sie konnten, stellten sie den Leidenden zur Verfügung – auch wenn es nur eine anständige Beerdigung war, nachdem die Krankheit ihren Tribut gefordert hatte. Sie pflegten und liebten über die Grenzen von Familie und Clan hinaus. Jeder leidende Mensch, dem sie begegneten, kam in ihre Obhut.

Die bemerkenswerten Menschen, die in den Städten blieben und sich um die

....

[31] Zitat aus: *Mother Teresa: Come Be My Light*, von Brian Kolodiejchuk
[32] In Kapitel 4 des bemerkenswerten Buches von Rodney Stark, *The Rise of Christianity*, wird genauer berichtet, wie Christen auf diese Epidemie reagierten.

Opfer der Epidemie kümmerten, waren *Christen*. Viele kamen zu Tode, während sie andere pflegten. Während der zweiten Epidemie schrieb Dionysius, der Bischof von Alexandria, in einem Osterbrief um 260 n. Chr.:

> „Die meisten unserer christlichen Geschwister bewiesen grenzenlose Liebe und Loyalität. Sie schonten sich nie und dachten nur an ihre Mitmenschen. Ungeachtet der Gefahren kümmerten sie sich um die Kranken und jedes ihrer Bedürfnisse; sie dienten ihnen in Christus … Viele luden durch das Pflegen und Heilen anderer deren Tod auf sich und starben an ihrer Stelle … Diese Art von Tod … scheint in jeder Hinsicht einem Märtyrertod gleichzukommen." [33]

Diese frühen Nachfolger Jesu hatten es nicht darauf angelegt, etwas Heldenhaftes oder Bedeutsames zu tun. Sie gehorchten einfach seinem Gebot: „Tue anderen, was du möchtest, dass sie dir tun" und lebten gemäss seinem Wort: „Geben ist seliger als Nehmen". Weil sie diese kleinen Sachen mit grosser Liebe machten, gaben sie den Leidenden Hoffnung über das Grab hinaus sowie eine überzeugende Vision, in der die betroffenen Menschen ihr Leben von diesem Moment an verwurzeln konnten.

Wahrscheinlich sind viele Kranke, die sich wieder erholen konnten, Christen geworden und haben sich den Gemeinschaften, von denen sie gesund gepflegt wurden, angeschlossen. Aufgrund solcher Dynamiken entwickelte sich das Christentum innerhalb von ein paar Hundert Jahren von einer Sekte am Rande der jüdischen Gesellschaft zur einflussreichsten Glaubensrichtung des gesamten Römischen Reiches.

Und das alles durch kleine Sachen, die mit grosser Liebe gemacht wurden.

Darum geht es letztlich beim Starten einer MG. In unserem Lernprozess, zu einem *Oikos* zusammenzuwachsen, müssen wir keine grossen Sachen ausprobieren. Vielmehr sollten wir die kleinen Dinge, die wir in unserer Umgebung wahrnehmen, mit grosser Liebe angehen und darauf vertrauen, dass Gott unsere kleinen Sachen nimmt und sie zusammen mit den kleinen Sachen, die wir nicht sehen, zu einem Wandteppich verwebt, der von seiner Liebe zu den Menschen kündet und alle Menschen zu neuem Leben unter Gottes Herrschaft, der alles neu macht, ruft.

....

[33] zitiert in Eusebius' *Kirchengeschichte*.

Wenn du einen Glaubensschritt machst, um eine MG zu starten und zu leiten, wollen wir dir Mut zusprechen! Ihr setzt dieselbe Kraft frei, durch die die antike Welt verändert wurde. Dafür müsst ihr keine Experten sein. Macht einfach einen Glaubensschritt nach dem anderen. Dann wird Gott bei euch sein. Er wird euch in eurem Missionsumfeld ermutigen, befähigen und bewahren. Ihr seid eine Bewegung *normaler* Menschen, die Jüngerschaft und Mission in die Gemeinschaft hineintragen und Gott das überlassen, was nur er tun kann. Dabei wünschen wir euch viel Spass!

ANHÄNGE
ANMERKUNGEN FÜR GEMEINDELEITER

ANHANG 1

ES GEHT WIRKLICH UM DIE JÜNGERSCHAFTSKULTUR IM ZENTRUM

VOR DEM START ...

Wenn du Gemeindeleiter oder von Beruf Pastor bist, werden dich erfahrungs-gemäss beim Lesen dieses Buches noch andere Fragen und Themen be-schäftigen als den typischen MGs-Leiter oder die MGs-Leiterin. In diesem Abschnitt möchten wir auf einige dieser Fragen eingehen, und wir beten, dass unsere Antworten euch weiterhelfen. Wir haben ausserdem einen Prozess entwickelt, den wir als Lerngemeinschaft bezeichnen. Er soll euch als ganzer Gemeinde zu einem vertieften Verständnis sowie zu mehr Praxis und Um-setzung von Jüngerschaft und Mission verhelfen. Der Prozess erstreckt sich über zwei Jahre und umfasst Lernen durch Immersion, Rüstzeiten, Coaching, Schulung und strategische Beratung.

Mehr Infos zu den Lerngemeinschaften findet ihr auf unserer Webseite: ***www.weare3dm.com.***

DIE JÜNGERSCHAFTSKULTUR IST WIRKLICH DER SCHLÜSSEL

Wenn Pastoren anfangen, über das Arbeiten mit MGs in ihrer Gemeinde nach-zudenken, sind sie stark versucht, missionale Gemeinschaften als neues Pro-gramm zu sehen, das es umzusetzen gilt, und nicht so sehr als Ergebnis einer gerade im Aufbau begriffenen neuen Kultur. Eine uns bekannte Gemeinde hörte durch ihre Teilnahme an der Pilgrimage Week (Pilgerwoche) der St. Tho-mas-Gemeinde in Sheffield, England (eines der Epizentren der missionalen Bewegung in der westlichen Kirche), zum ersten Mal von MGs. Anschliessend predigten sie zu Hause ein paar Wochen darüber und streuten die Vision. Sie fanden Freiwillige, die es ausprobieren wollten, und starteten 26 MGs auf einmal. Im Grossen und Ganzen war es ein totaler Misserfolg. Von den ursprünglichen 26 MGs gibt es jetzt nur noch eine. Die anderen sind gescheitert. Die MGs-Leitenden waren nicht bejüngert worden und wussten nicht, wie man das macht. Sie waren es lediglich gewohnt, sich als Freiwillige zur Durchführung von Programmen zur Verfügung zu stellen. Ihr erster Versuch, eine MG zu leiten, war also ein kompletter Misserfolg. Das hinterliess bei ihnen einen bitteren Nachgeschmack, und sie waren nicht wirklich geneigt, es noch einmal zu probieren. Zu wenig Übertragung des „Missionsvirus" kann sich wie eine Impfung gegen dieses Virus auswirken!

Diese Geschichte zeigt auf, was praktisch immer passiert, wenn eine Gemeinde keine Jüngerschaftskultur aufbaut, sondern versucht, MGs als neues Programm zu starten. Unsere Beobachtungen haben ausnahmslos gezeigt: MGs können nur dann langfristig Frucht tragen, wenn sie als Fundament eine Jüngerschaftskultur haben, die missionale Leiter hervorbringt. Ihr könnt es euch so vorstellen: Die von eurer Gemeinde gestarteten MGs werden „über der Oberfläche" vor Augen führen, was „unter der Oberfläche" in Sachen Jüngermachen und Leiterförderung passiert ist und unbedingt passieren muss. Versucht man, MGs ohne das Fundament der Jüngerschaftskultur zu starten, werden sie genauso unstabil und unsicher sein wie ein Haus ohne Fundament.

Nimmt man sich hingegen Zeit und bringt die erforderlichen Opfer zum Aufbau einer Jüngerschaftskultur, werden als Nebenprodukt ganz natürlich missionale Leiter mit missionarischer Vision hervorgebracht, und das natürliche Nebenprodukt missionaler Leiter besteht darin, dass sie Leute um sich herum sammeln, um die Träume wahr werden zu lassen, die Gott ihnen aufs Herz gelegt hat, das heisst, es entstehen missionale Gemeinschaften. Die Jüngerschaftskultur ist der Boden, auf dem die Missionspflanze wächst.

Als Leiter müssen wir die Kosten überschlagen. Ohne Beharrlichkeit, Gebet und Durchhaltevermögen geht es nicht. Aber die gute Nachricht lautet, dass Gott mit uns in dieser Sache ist. Wir wollen Sein Königreich voranbringen, Er hat uns angewiesen, Menschen zu Jüngern zu machen, und Er wird uns dazu befähigen. Das sind Gottes Träume für unsere Städte, und Er wird uns führen und vorangehen, wenn wir uns nach Ihm ausrichten. Behaltet den Siegespreis im Blick. Stellt euch bildlich vor, wie es sein wird, wenn ihr eine Jüngerschaftskultur aufbaut und eure Leiter effizient für Mission ausserhalb der

Kirchenmauern freisetzen konntet. Haltet euch das vor Augen, während ihr euch dafür einsetzt, eure Gemeinde durch den Aufbau einer Jüngerschaftskultur zu einem missionaleren Lebensstil zu bewegen.

MISSIONALE GEMEINSCHAFTEN

MISSIONALE LEITER

JÜNGERSCHAFTSKULTUR

ANHANG 2
IHR GEHT VORAN: START EINER PILOT-MG

. . . .

VERÄNDERE DEIN LEBEN, VERÄNDERE DIE WELT

Wir legen grossen Wert darauf, dass **Leiter vorausgehen** und beispielhaft so leben, dass sie von anderen nachgeahmt werden können. Aus diesem Grund raten wir Pastoren, selbst eine MG zu leiten, bevor sie in ihrer Gemeinde MGs starten. Es spielt keine Rolle, ob du Pastor einer Mega-Gemeinde, einer mittelgrossen Gemeinde oder eines Gemeindegründungsprojekts bist. Es genügt nicht, Leuten, die es noch nie erlebt haben, die Theorie der MGs zu vermitteln. Sie müssen eine MG erleben und verstehen, bevor sie selbst die Leitung übernehmen. Du kannst die Leute nicht bei etwas coachen, das du nicht selbst gemacht hast. Du kannst deine Leute nicht an einen Ort bringen, an dem du selbst nie gewesen bist.

Der Ausgangspunkt: Fange einfach an, die am Anfang dieses Buches aufgeführten Prinzipien in deinem eigenen Leben umzusetzen! Fangt an, als Familie auf Mission zu leben, und ladet andere Leute ein, sich euch anzuschliessen. Wenn du als Pastor nicht zuerst anders lebst, haben die MGs lediglich die Funktion eines weiteren Programms und können nicht als Saatbeet für den *Oikos* dienen.

Neben dem Starten mit der konkreten Umsetzung coachen wir Pastoren auch dahingehend, eine *missionale Pilot-Gemeinschaft* zu starten, um ihre Leiter für denselben Prozess, auf den sie sich gerade eingelassen haben, auszurüsten. Für diese Gemeinschaft gelten natürlich dieselben, in diesem Buch erläuterten Grundsätze, aber wir möchten noch auf einige Besonderheiten hinweisen. Im Folgenden zeigen wir kurz auf, wie eine solche Gemeinschaft aussehen könnte.

WAS IST EINE PILOT-MG?

Eine Pilot-MG besteht aus 20–40 christlichen Leiterinnen und Leitern. Durch ihre Teilnahme an diesem Pilotprojekt lernen sie, wie man eine zukünftige MG leitet. Wie bei allen MGs haben sie regelmässige Aktivitäten im UP (Vertiefung ihrer Gottesbeziehung), IN (Vertiefung der Beziehungen untereinander) und OUT (vertiefte Beziehungen zu Menschen, die Jesus noch nicht kennen).

Was bezweckt die missionale Pilot-Gemeinschaft, und was kommt dabei heraus?

In der Pilot-MG soll zukünftigen MGs-Leiterinnen und -Leitern vermittelt werden, wie man eine erweiterte Familie auf Mission führt. Sie tauchen direkt in diese Erfahrung ein und werden von euch zur Umsetzung in ihrem persönlichen Leben herausgefordert. Es steht nicht unbedingt die Absicht dahinter, die Gruppe wachsen zu sehen oder langfristig missionarisch aktiv zu sein. Die Gruppe besteht für eine begrenzte Schulungszeit. Anschliessend gehen die Leiter auseinander, um verschiedene MGs zu führen. Diese Erwartungen sollten beim Start der Pilot-Gemeinschaft klar kommuniziert werden. Jeder sollte sich darüber im Klaren sein und entsprechende Erwartungen mitbringen. Durch eine Pilot-MG sollte Folgendes erreicht werden:

- **EINS:** Erleben, wie es ist, eine Gruppe mit 20–40 Teilnehmern beim UP, IN und OUT zu leiten. Die meisten Leute haben schon kleinere Gruppen geleitet, haben aber mit Gruppen dieser Grösse keine Erfahrung. Sie sollen am Ende das Gefühl haben: „Wow, ich finde es toll, wie sich eine Gruppe in dieser Gruppe anfühlt und zusammen funktioniert."

- **ZWEI:** Leiter bekommen die Möglichkeit, in der Pilotsituation verschiedene Sachen zu leiten, bevor sie zur Leitung ihrer eigenen Gemeinschaft freigesetzt werden. Man erwartet also nicht, dass sie ohne jegliche praktische Erfahrung eine Gemeinschaft leiten, sondern bietet ihnen hier ein sicheres Umfeld, in dem sie neue Erfahrungen beim Leiten sammeln können und in dem Misserfolge keine Katastrophen sind.

- **DREI:** Leiter können sich über längere Zeit in die natürlichen Rhythmen von UP, IN und OUT hineingeben und erleben konkret, wie dieses Lebensmuster zum Kern der MG wird, deren Mitglieder sich für die *organisierten* wie für die organischen Elemente ihres gemeinsamen Lebens einsetzen.

KÖNNEN WIR DIE MISSIONALE PILOT-GEMEINSCHAFT UNSEREN LEITERN DURCH EIN GUTES BILD ERKLÄREN?

Anhand eines Bildes können die Leute besser verstehen, welche Absicht ihr verfolgt und was ihr von ihnen erwartet. Wir verwenden gern das Bild des Trainingslagers für Rekruten. Wir sind noch nicht in der Hitze des Gefechts, trainieren aber dafür. Jetzt haben wir Paintball-Gewehre, und es ist nur Farbe, die explodiert. Aber ihr gebt euch Mühe, das Umfeld so genau wie möglich abzubilden und die Leute so zu schulen, dass sie darin bestehen werden.

WIE LANGE BESTEHT EINE MISSIONALE PILOT-GEMEINSCHAFT?

Vor allem, wenn das Leiten einer MG für dich eine relativ neue Erfahrung ist, empfehlen wir dir unbedingt eine Mindestdauer von sechs bis neun Monaten. Einige Pastoren, die wir kennen, wollen es drei bis vier Monate lang machen (dann passt es gerade in den Vierteljahres-Rhythmus von September–Dezember oder Januar–April), aber wir denken, dass ihr euch mit der Verkürzung keinen Gefallen tut. Wir können uns nicht vorstellen, wie man das oben beschriebene dreifache Ergebnis in weniger als sechs bis neun Monaten erreichen kann. Wir sind natürlich begeistert, wenn wir Leute in missionarisches Grenzgebiet aussenden können, aber wir wollen dort draußen Leiter, die gut geschult worden sind und dementsprechend auch bestehen können. Etwas Schlimmeres, als nie Leute als Leiter auszusenden, kann man wohl nur machen, indem man schlecht geschulte und unzureichend ausgerüstete Leute als Leiter hinausschickt. Wer schlecht ausgerüstet in eine Leitungsfunktion hineingestellt wird, lässt sich meistens nie wieder auf eine solche Erfahrung ein.

Lasst aus der Begeisterung keine Ungeduld erwachsen. Wenn du als Leiter geduldig investierst und kurzfristig leidest, zahlt sich das extrem aus, weil du auf mittlere und lange Sicht gesehen gut geschulte, fruchttragende Leiterinnen und Leiter hervorbringst. Vergesst nicht, dass Zeit aufgewendet werden muss, um einen Leiter heranzubilden. Freiwillige einfach in einem Programm einzusetzen ist keine Lösung. Bei einem solchen Szenario sind eure Leiterinnen und Leiter die Kollateralschäden, und wahrscheinlich bekommt ihr keine zweite Chance. Plant für die Pilot-Gemeinschaft mindestens sechs bis neun Monate ein.

WIE OFT SOLLTE SICH DIE MISSIONALE PILOT-GEMEINSCHAFT JEDEN MONAT TREFFEN?

Auf eine einfache Formel gebracht, solltet ihr euch jeden Monat drei bis vier Mal (organisiert) treffen. Wenn du das Kontinuum von organisiert und organisch im Blickfeld hast, merkst du, dass ihr als Gruppe zu anderen Zeiten für organische, spontanere Aktivitäten zusammenkommen werdet. Das ist in einer Familie normal, oder? Einige Sachen sind fest geplant, und dazu kommen vielleicht Kinoabende, Baseballspiele, Frauenabende, Männerabende, Grillfeste usw. Das kann allerdings bedeuten, dass eure Leute ihre persönliche Zeitplanung etwas anpassen oder sich aus einigen Gemeindeaktivitäten ausklinken müssen. Beim Umgang damit kannst du ihnen als Leiterin oder Leiter helfen.

Die Quintessenz ist: Wenn ihr als MG nicht genug Zeit zusammen mit UP, IN und OUT verbringt, erleben die Leute nicht richtig, was das MGs-Leben eigentlich ausmacht. Wenn es nur eine „zusätzliche Sache" im Leben der Teilnehmer ist, kann es nicht funktionieren.

WELCHE ROLLE SPIELEN DIE HUDDLES BEI DER MISSIONALEN PILOT-GEMEINSCHAFT?

EINS: Der Huddle ist ein Trainingsgefäss für Leiter, in dem Schulung, Jüngerschaft, Begleitung und Verbindlichkeit gelebt wird. Wenn ihr euch ein Exemplar unseres Buches *Eine Jüngerschaftskultur aufbauen* besorgt, könnt ihr Genaueres über Huddles und das Bejüngern von Leitern nachlesen. Ihr müsst eine gute Huddle-Arbeit machen, wenn ihr mit eurer Pilot-MG die erwünschten Ergebnisse erzielen wollt.

ZWEI: Die Leute in eurer Pilot-MG sollen lernen, wie man im Huddle-Gefäss Leiter bejüngert. Dafür sollten sie in eurer Pilot-MG an einem befristeten Huddle teilnehmen. Er wird sich in vieler Hinsicht anfühlen wie ein Pilot-Huddle.

DREI: Am besten ist es, wenn die oder der Leitende der Pilot-MG schon vor ihrem Start eine sechs- bis achtköpfige Gruppe gehuddelt hat. Die von euch gehuddelten Leute werden dann die Kleingruppen/Huddles innerhalb der Pilot-MG leiten.

VIER: Plant für den Huddle keinen zusätzlichen Abend ein. Huddelt die Leute in der Pilot-MG zweimal im Monat. Legt diese Treffen aber auf eine Zeit, wenn sowieso alle zusammen sind. Darauf gehen wir weiter unten nochmal genauer ein.

FÜNF: Wenn ihr mit der Pilot-MG aufhört und neue MGs ins Leben gerufen werden, müsst ihr dafür sorgen, dass die neuen MG-Leiter weiterhin von euch gehuddelt werden. Beim Start ihrer eigenen MGs brauchen sie euch umso mehr!

WAS BEZWECKEN WIR MIT DEN OUT-WOCHEN, WENN ES UNS NICHT DARUM GEHT, DIE GRUPPE ZU VERGRÖSSERN?

Am sinnvollsten ist es, während der OUT-Wochen zusammen verschiedenartige OUT-Unternehmungen in Angriff zu nehmen. Ihr zielt nicht darauf ab, euch in den sechs bis neun Monaten eures zusammen Unterwegsseins für einen bestimmten Missionsauftrag einzusetzen. Vielmehr sollen die zukünftigen MGs-Leiter Einblicke in ganz unterschiedliche OUT-Einsätze bekommen. Dadurch wird ihre missionale Vorstellungskraft erweitert. Wahrscheinlich gehören zu eurer Pilot-MG auch Kinder. Das solltet ihr bei den OUT-Wochen auch berücksichtigen. Ihr könnt familiengerechte OUTs durchführen oder aber OUTs nur für Erwachsene. Am Ende dieses Abschnitts findet ihr eine Liste mit OUT-Vorschlägen für eine Pilot-MG.

VORSCHLAG FÜR EINEN MONATSRHYTHMUS

Für den Monatsrhythmus in eurer Pilot-MG habt ihr vielfältige Gestaltungsmöglichkeiten. Wir wollen euch hier keine Vorschriften machen und auch keine Formel liefern. Den im Folgenden aufgezeigten Rhythmus haben wir einfach als hilfreich empfunden. Wir stellen zunächst den Rhythmus dar und erläutern ihn anschliessend.

Woche 1: UP

Woche 2: IN – Essen mit einer Dankbarkeitsrunde + Kleingruppen

Woche 3: OUT

Woche 4: IN – Essen mit einer Dankbarkeitsrunde + Kleingruppen

VORSCHLAG FÜR EINE UP-WOCHE

18:30   Inhalt des Abends vorstellen, Startgebet.

18:35   Bibeltext für den Abend vorlesen und zwei bis vier Anbetungslieder singen.

18:55   Sechs bis acht Leute lesen eine Bibelstelle vor, die in den letzten zwei Wochen zu ihnen gesprochen hat. Sie können weitergeben, was Gott ihnen dadurch gesagt hat oder von einem Durchbruch erzählen.

19:15   Der/die MGs-Leitende liest den Bibeltext für den Abend noch einmal vor und hält dazu eine fünf- bis achtminütige Andacht.

19:25   Teilt euch in kleine Gruppen mit sechs bis acht Leuten auf. Jede Gruppe wird von einem geschulten Leiter geführt (eure Huddle-Teilnehmer). Helft den Leuten, die Frage „Was sagt Gott gerade im Moment?" zu beantworten. Dann können sie Gebetsanliegen austauschen und anschliessend zusammen beten.

19:50   Die Gruppen kommen wieder im grossen Kreis zusammen. Wenn in der kleineren Gruppe „grosse" Gebetsanliegen mitgeteilt wurden, beten jetzt alle zusammen dafür.

20:00   Der/die MGs-Leitende gibt einen abschliessenden Gedanken weiter. Singt ein letztes Lied. Segen.

20:10   Verabschiedung.

VORSCHLAG FÜR EINE IN-WOCHE

18:00   Jeder bringt genug Essen für die eigene Familie und zwei weitere Personen mit. Alles ist zum Teilen.

18:15   Nacheinander erzählt jeder Einzelne etwas, wofür er/sie dankbar ist. Gebet.

18:30	Gemeinsames Abendessen
19:15	Teilt euch in kleine Gruppen zu viert bis acht auf, jeweils von einem geschulten Leiter geführt (die Gruppen haben während der ganzen Pilot-MG denselben Leiter/dieselbe Leiterin).
20:25	Die Gruppen kommen wieder zusammen. Wurden in der Huddle-Zeit „grosse" Gebetsanliegen mitgeteilt, beten jetzt alle zusammen dafür.
20:30	Verabschiedung.

VORSCHLAG FÜR EINE OUT-WOCHE

Hier sind mehrere Vorschläge für OUT-Wochen. Wir haben die Messlatte bewusst tief angesetzt. Es sind keine schwierigen Sachen dabei, ihr könnt euch alles zutrauen. Es gibt unzählige Möglichkeiten für diese Wochen, und ihr habt wahrscheinlich ein paar tolle Ideen aufgrund eures Umfelds und eurer Erfahrung. Es sind nur ein paar Beispiele, die sich in der Praxis bewährt haben. Lasst eure Fantasie anregen — die OUT-Aktivitäten kann man nicht einfach aus einer Schublade ziehen!

Betet vor jedem OUT-Einsatz kurz zusammen. Bittet Gott, dass sein Reich kommen möge und dass die Beziehungen innerhalb der MG das Leben von Jesus anderen gegenüber widerspiegeln können.

FAMILIENGERECHTE VORSCHLÄGE FÜRS OUT

- Ihr könnt an einem Samstag im Park ein Brennball- oder Fussballspiel organisieren und eure Freunde mit ihren Kindern dazu einladen.

- Besorgt euch einen Beamer und ein paar Lautsprecher und projiziert einen Familienfilm auf eure Hauswand (oder bei Regen auf eine Zimmerwand!). Alle können ihre Freunde dazu einladen.

- Macht zusammen mit den Kindern einen Gebetsrundgang im Quartier. Siehe frühere Hinweise zur Durchführung eines Gebetsspaziergangs (S. 113).

- Trefft euch in einem familienfreundlichen Restaurant oder an einer entsprechenden Veranstaltung und redet bewusst mit Leuten, die nicht Teil eurer Pilot-MG sind.

- Die ganze Pilot-MG geht an ein Fussball- oder Teeball-Spiel der Kinder. Beim Zuschauen lernen sich die Eltern untereinander kennen.

VORSCHLÄGE FÜR ERWACHSENE

- Veranstaltet eine Party und ladet eure Menschen des Friedens dazu ein. Ganz entspannt!
- Schaut euch in eurer Nachbarschaft um, ob jemand praktische Unterstützung in Haus und Garten gebrauchen könnte. Ladet Menschen des Friedens dazu ein, gemeinsam euren Nachbarn ein Segen zu sein.
- Die MG teilt sich in Gruppen mit jeweils mehreren Familien auf. Plant ein Abendessen, ladet Menschen des Friedens dazu ein und seid einfach zusammen.
- Die ganze Gruppe läuft fünf Kilometer, als Fundraiser für ein Wohltätigkeitsprojekt bei euch vor Ort. Pro gelaufenen Kilometer wird gespendet. Ladet Menschen des Friedens dazu ein, mit euch zusammen Fundraising zu machen, am Lauf und auch an der Party nachher teilzunehmen!

Das sind natürlich nur Hinweise und Vorschläge. Das Leben der MG kann ganz unterschiedliche Formen annehmen. Eine grosse, bekannte Gemeinde setzte die missionarische Pilot-Gemeinschaft sogar ein, um in der Innenstadt eine ganz neue Gemeinde zu gründen. Das ist ihre Geschichte:

> „Schon seit einigen Jahren hatte eine kleine Gruppe von Leitern davon geträumt, den Auftrag von Jesus bei uns in der Innenstadt auszuleben. Im März 2013 riefen wir eine missionale Pilot-Gemeinschaft ins Leben, die sich mitten im Stadtzentrum in einem Tagesheim für Obdachlose traf.

> Nachdem wir einige Monate lang die Rhythmen eingerichtet, Beziehungen zu Menschen des Friedens aufgebaut und verschiedenen Bedürfnissen in der Stadt begegnet waren, hatten wir den Eindruck, Gott sage uns, wir sollten unsere Einsätze auf einen Stadtpark in der Nähe des Campus einer grösseren Universität ausrichten. Das Viertel um diesen Park herum hat in sozialer und wirtschaftlicher Hinsicht unterschiedliche Prägungen: Reiche und Arme, College-Studenten, sehr viele Skater und auch viele Obdachlose.

Der Sommer kam, und wir verlegten unsere MGs-Treffen in eine Kirche in diesem Viertel. Gleichzeitig machten wir alle vierzehn Tage am Sonntagabend eine Party im Park, um Menschen aus dieser Gegend kennenzulernen und zu gewinnen. Unser Gratisessen und unsere Gesprächsbereitschaft haben wahre Wunder gewirkt. Wir konnten Menschen ausserhalb unserer MG einbeziehen und gleichzeitig unsere Menschen des Friedens an nicht-religiöse Ort einladen.

Für Herbst 2013 haben wir die Vision, dass im Stadtzentrum durch Multiplikation noch zwei bis drei weitere MGs entstehen können. Unseren ersten Gottesdienst am Wochenende wollen wir Anfang 2014 starten. Wir freuen uns unglaublich darauf zu erleben, was Gott für unsere Familie auf Mission in den kommenden Monaten bereithält, während wir in unserer Innenstadt Überbringer der guten Nachricht sind!"[34]

....

[34] Wichtige Hinweise zur Gemeindegründung mithilfe von MGs im „Anhang 4: MGs und Gemeindegründung" auf Seite 145.

ANHANG 3

WAS IST MIT UNSEREN LAUFENDEN PROGRAMMEN?

• •

Sehr wahrscheinlich gibt es in eurer Gemeinde bereits eine bestehende Kleingruppenstruktur. Was macht ihr mit diesen Gruppen, wenn ihr in eurer Gemeinde mit MGs starten wollt?

Zunächst einmal ist es keine gute Idee, einfach sämtlichen Kleingruppen den Garaus zu machen und von der Kanzel zu verkünden, dass ab sofort jeder in einer MG sein wird. Macht das nicht. Fangt stattdessen in euren Predigten und Gesprächen an, darüber zu reden, was es heisst, wie Jesus zu leben: nach oben auf Gott ausgerichtet (UP), als Leib Christi einander nach innen zugewandt (IN) und nach aussen auf Menschen zugehen, die Jesus nicht kennen (OUT). Sagt den Leuten, dass ihr euch damit beschäftigt und es in eurem eigenen Leben umsetzen wollt. Fangt an, über die Vision von Gemeinschaften zu sprechen, die als erweiterte Familien mit einem Reich-Gottes-Auftrag unterwegs sind und gemeinsam im UP, IN und OUT leben.

Daraufhin könnt ihr beobachten, was passiert, wenn Gott zu den Leuten spricht. Achtet darauf, wer darauf eingeht und mehr erfahren möchte. Behaltet im Auge, wer Einsatz und Interesse zeigt, zu einer dieser „UP/IN/OUT"-Gruppen zu gehören. Das sind wahrscheinlich die Leute, mit denen ihr die Vision für MGs konkreter teilen könnt. Nicht alle werden dafür offen sein, und das ist IN ORDNUNG.

Nach unserer Erfahrung lassen sich verallgemeinernd vier Reaktionsmöglichkeiten von Kleingruppen auf die Missionsvision erkennen:

BLEIBEN
Manche Kleingruppen machen gar nichts. Sie bleiben als Kleingruppe genauso wie vorher und gehen auf die Vision nicht wirklich ein.

ZUSAMMENSCHLIESSEN

Manchmal schliessen sich mehrere Kleingruppen zu einer neuen MG zusammen, weil sie feststellen, dass sie eine gemeinsame missionale Vision haben.

MULTIPLIZIEREN

Manchmal realisiert eine Kleingruppe, dass die Teilnehmer unterschiedliche missionale Visionen verfolgen. Dann teilt sich die Gruppe in zwei bis drei neue Kleingruppen auf, die wiederum den Samen der neuen MGs darstellen.

WACHSEN

Wenn schliesslich die Leiterin/der Leiter einer Kleingruppe die Vision hat und dazu in der Lage ist, eine MG zu führen, entwickelt sich manchmal eine Kleingruppe zu einer MG (zu der dann auch wiederum Kleingruppen gehören), indem sich weitere Leute ihrer missionalen Vision anschliessen.

Jede dieser Reaktionsweisen ist IN ORDNUNG! Wenn Leute am Anfang nicht auf die Vision ansprechen und einfach als Kleingruppe zusammenbleiben wollen, lasst sie das machen und investiert eure Energie in diejenigen, die einen Schritt in die Mission machen wollen. Das ist wirklich wichtig: Verwendet eure Energie nicht auf den Versuch, alle gleichzeitig an die Startlinie zu bringen. Ihr werdet gestaffelt starten. Ihr werdet in diejenigen investieren, die die Vision zuerst annehmen und dann für andere, die später darauf eingehen, zu Vorbildern werden. Vielleicht kommen die „Bleiber" später auch dazu, aber es lohnt sich nicht, eine Gruppe zum Aufhören und zur Veränderung zu zwingen.

Wir sind versucht zu glauben, dass es für das Ganze ein Modell oder eine Formel gibt. Es gibt sie nicht. Jeder Gemeindekontext sieht anders aus. Als Pastor hast du zusammen mit deinem Leitungsteam das Vorrecht, herauszufinden, wie Gott in eurem Umfeld am Wirken ist.

HUDDLES, MISSIONALE GEMEINSCHAFTEN UND KLEINGRUPPEN, ACH DU MEINE GÜTE!

Manchmal haben die Leute weitere Fragen zu den Huddles, MGs und Kleingruppen. Sie wollen zum Beispiel wissen:

- Worin besteht der Unterschied zwischen einem Huddle und einer Kleingruppe?

- Wollt ihr, dass die Kleingruppen durch Huddles ersetzt werden?

Wir wollen uns zuerst mit den Unterschieden befassen. Am einfachsten kann man das erläutern, in dem man genau beschreibt, wie ein Huddle aussieht.

Der Huddle ist ein Ort für Leiter. Dort wird in sie investiert, sie werden geschult, können nachahmen und machen sich verbindlich. Mit anderen Worten geht es um ... Jüngerschaft! Das Wichtigste, was man sich bezüglich des Huddles klarmachen muss: Er ist für jetzige und/oder zukünftige Leiter. Wer die Einladung in einen Huddle annimmt, sollte sich über die Erwartung im Klaren sein, dass sie oder er schlussendlich etwas leiten soll (wenn sie das nicht jetzt schon machen). Hier gilt folgendes Prinzip: Wenn ihr Leiter dahingehend bejüngert, wie man andere bejüngert, wird jeder in eurer Gemeinschaft bejüngert werden. Warum? Weil ihr euren Leitern den Grundsatz des Missionsbefehls nahebringt, dass jeder Jünger andere bejüngert. Wir machen Menschen zu Jüngern, die andere zu Jüngern machen.

In einen Huddle muss man eingeladen werden. Der Huddle richtet an sechs bis zwölf Leiter die Einladung, eine gezielte Investition durch einen Leiter/eine Leiterin zu empfangen, der/die sie im Jüngerschaftsprozess begleitet. Aber nicht nur das. Die Einladung gilt auch für das Leben des Leitenden, nicht nur für ein 90-minütiges Treffen einmal pro Woche. Du hast zum Leben des Leiters oder der Leiterin, von denen du bejüngert wirst, ausserhalb der offiziellen Huddle-Zeiten Zugang. Somit findet die Interaktion zwischen den Teilnehmern und dem Huddle-Leitenden strukturiert und spontan statt. Die Jüngerschaft kann tiefere Wurzeln schlagen, weil sie *vermittelt* und *erfasst* wird.

Ein Huddle reproduziert sich. Wir bringen nicht einfach neue Leute in den Huddle, sondern multiplizieren die Jüngerschaftskultur. Jeder Huddle-Teilnehmer wird nämlich immer dort, wo sie oder er etwas leitet, die Jüngerschafts-DNA verbreiten. Anstatt beispielsweise einen Huddle von acht auf zwölf Leute anwachsen zu lassen, rüsten wir die acht Leute so aus und schulen sie, dass sie eine Gruppe leiten können, die von der Jüngerschafts-DNA durchdrungen ist. Anstelle der einen Gruppe mit acht Leuten haben wir dann neun Gruppen mit vielleicht 50 Leuten (die Ursprungsgruppe mit acht plus acht Gruppen mit je etwa sechs). Es geht darum, in Multiplikation zu investieren, die exponentielles Wachstum bewirkt, anstatt in Addition und somit lineares Wachstum.

Im Huddle erlebt man Einladung und Herausforderung. Huddle-Leiter investieren in das Leben der Leute in ihrem Huddle. Sie laden die Teilnehmer in ihr Leben ein, lassen sie an ihren Rhythmen teilhaben und gewähren ihnen Zugang zu ihrem geistlichen Kapital. Huddle-Leiter fordern aber ihre Teilnehmer (auf sensible Art) heraus, mehr im Reich Gottes zu leben, wenn ihr Lebensstil anders aussieht oder nicht mehr im Einklang mit dem Königreich ist.

Ein Huddle erfordert hohe Verbindlichkeit. Aufgrund sämtlicher oben beschriebenen Gründe. Im Folgenden findet ihr einige verallgemeinernde Aussagen darüber, wie die meisten Gemeinden mit Kleingruppen arbeiten — im Gegensatz zu den Huddles (natürlich sieht es je nach Gemeinde immer etwas anders aus):

- Kleingruppen sind meistens viel weniger verbindlich.
- Jeder kann sich einer Kleingruppe anschliessen. Es ist eine offene Gemeinschaft.
- In den meisten Kleingruppen gehört Herausforderung nicht regelmässig zum Programm, weil man vor allem eine Atmosphäre schaffen will, in der sich Neue wohlfühlen.
- Die Kleingruppenleiter haben eine Art Vermittlerfunktion. Sie achten darauf, dass jeder Einzelne die Möglichkeit bekommt, sich mitzuteilen und einzubringen.
- Kleingruppen wachsen durch zusätzliche Teilnehmer und multiplizieren sich, wenn sie zu gross werden. Wachstum geschieht durch Addition.
- Kleingruppen tendieren zum kleinsten gemeinsamen Nenner in Bezug auf den geistlichen Inhalt, damit jeder Zugang findet.

Wenn ihr MGs und Huddles einführen wollt und bereits Kleingruppen vorhanden sind, werdet ihr wahrscheinlich auch weiterhin Kleingruppen brauchen. Wie bereits gesagt: Versetzt euren Kleingruppen nicht den Todesstoss, um sie durch Huddles zu ersetzen. Erkennt vielmehr, worin die Unterschiede zwischen diesen beiden Formen bestehen, und setzt sie im geistlichen Reifungsprozess unterschiedlich ein. In der Übergangsphase solltet ihr neue Leiter für den Start neuer MGs bestimmen und dann, während sie wachsen, innerhalb dieser neuen MGs Kleingruppen starten. Findet ausserdem heraus, welche Kleingruppenleiter über die Vision und Kapazität zur Leitung einer MG

VERSETZT EUREN Kleingruppen nicht den Todesstoss, um sie durch Huddles zu ersetzen.

verfügen. Arbeitet mit ihnen daran, dass ihre Kleingruppe zu einer MG heranwachsen kann. Die meisten Kleingruppen werden zu Beginn weiterhin als Kleingruppen bestehen bleiben.

In den Huddles geht es schwerpunktmässig um Leiter und zukünftige Leiter. Wenn man Leiter behuddelt und bejüngert, in sie investiert, ihnen eine leicht übertragbare und transportierbare Jüngerschaftssprache vermittelt, ihnen beibringt, wie man andere bejüngert und ihnen zeigt, wie man beim Bejüngern von Einzelnen und Gruppen ausgewogen mit Einladung und Herausforderung umgeht, dann werden sie das in jeder Art von Gefäss, das der geistlichen Entwicklung dient, machen können (Kleingruppen, Dreiergruppen, individuelles Mentoring, Sonntagsschule usw.). Die entscheidende Frage lautet: Habt ihr eine Leiterin/einen Leiter, die oder der darin trainiert worden ist, andere Menschen zu bejüngern, und kann sie oder er das in jedes andere Umfeld hinüberbringen? Das geschieht durchs Investieren in einen Leiter durch den Huddle.

Ein Leitender, der das Bejüngern von anderen wirklich gelernt hat, lässt jedes Gefäss zum Bejüngern anderer Menschen wirksamer werden, auch die Kleingruppen. Durch die Ausbildung der Leiter im Huddle verbreitet sich die DNA der Jüngerschaftskultur im gesamten Gemeindeorganismus. Um das zu bewirken, brauchen aber nicht alle in einem Huddle zu sein. Das ist nur für eure Leiter und zukünftigen Leiter erforderlich.

Visuell lässt sich das gut mit Hilfe des hier folgenden Diagramms erläutern. Bei Gemeinden, die über Gefässe in jedem der drei soziologischen Räume verfügen (öffentlicher Raum = Gottesdienst, sozialer Raum = MGs, persönlicher Raum = Kleingruppen), kann das oft so aussehen:

Öffentlicher Raum
75+ Menschen

Sozialer Raum
20-70 Menschen

Persönalicher Raum
6-12 Menschen

Intimer Raum
2-3 Menschen

Leiterhuddle

Leiterhuddle

KG KG KG KG

MG MG MG MG

Kleingruppe   Missionale Gemeinschaft   Öffentlicher Gottesdienst

HIER FINDEN
MENSCHEN IDENTITÄT

Huddles haben die Rolle von Gelenken und Bändern, die die „Knochen" des Körpers zusammenhalten. Sie sorgen dafür, dass der Leib verbunden, koordiniert und flexibel bleibt!

EIN WORT ZU UMLAUFBAHNEN UND SPANNUNGEN

Wir haben geschrieben, dass MGs um eine Kerngemeinde kreisen. MGs sind somit kein kompletter *Ersatz* für die Gottesdienste am Sonntag. Es ist wichtig, als grösseres Volk Gottes zum gemeinsamen Feiern und Anbeten zusammenzukommen. Wenn die MGs jedoch in Schwung kommen, treffen sie sich vielfach häufiger im missionarischen Umfeld. Wenn das der Fall ist, wird ihr Kreisen um die Kerngemeinde meist auf einige Sonntage eingeschränkt, während sie sich an den anderen Sonntagen im Missionsumfeld treffen (in einem Schulsaal, einem Park, bei jemandem zu Hause usw.).

Als Faustregel haben wir festgestellt: Die meisten reifen MGs kommen wenigstens einmal pro Monat und nicht mehr als dreimal pro Monat mit der grösseren Gemeinde zum Gottesdienst zusammen.

Das ist natürlich nur in einer Kultur mit **wenig Kontrolle** und starker Verbindlichkeit möglich. Wenig Kontrolle heisst: Den MGs wird nicht vorgeschrieben, wie sie funktionieren oder was sie anpacken sollten. Es obliegt dem MGs-Leitenden, je nach Vision, Umfeld und Zeit die Rhythmen seiner oder ihrer Gemeinschaft festzulegen. **Starke Verbindlichkeit** heisst: Wir erwarten, unabhängig vom gewählten Rhythmus, verbindliche Rechenschaft darüber, ob die MGs gesund und missionarisch zielgerichtet sind. Wir wollen MGs, die in ihrem Umfeld missionarisch wirksam sind, unterstützen sie aber auch beim Pflegen der Verbindung zur grösseren Gemeinde. In diesem Sinne empfehlen wir eine ausgewogene Ernährung bestehend aus Verbindlichkeit, Mission, Gemeinschaftsleben, öffentlichen Gottesdiensten und Lehre.

So wird die Kerngemeinde zu einem Ort, an dem jede MG Training, Ausrüstung, Gebet, Ressourcen und Ermutigung empfängt. Jede MG bewegt sich in einer definierten Umlaufbahn um die Kerngemeinde. Einige Gemeinschaften kommen fast jede Woche zur gemeinsamen Sonntagsveranstaltung und treffen sich einen Sonntag im Monat als Gemeinschaft (sowie zu anderen Zeiten unter der Woche). Andere wiederum treffen sich überwiegend als Gemeinschaft draussen und kommen nur einmal pro Monat zurück ins Zentrum. Und auch dazwischen ist alles denkbar!

Die daraus entstehende normale, gesunde Spannung bedarf einer gewissen Steuerung. Eure MGs-Leute sollen dafür ausgerüstet und freigesetzt werden, dass sie im Missionsumfeld den Glauben konkret ausleben. Gleichzeitig braucht ihr aber nach wie vor Leute für den Kinderhütedienst am Sonntagmorgen. Als Pastor musst du bereit sein, diese Spannungen mit euren Leuten zu bewältigen und mit euren Leitern offen und ehrlich darüber zu reden.

ECHTE FREISETZUNG

eurer MGs-Leiter erfordert Umdenken beim Einsatz eurer Zeit, Energie und eures Geldes. Das wird nicht immer einfach sein, und wir müssen in die neue Funktionsweise hineinwachsen.

Echte Freisetzung eurer MGs-Leiter erfordert Umdenken beim Einsatz eurer Zeit, Energie und eures Geldes. Das wird nicht immer einfach sein, und wir müssen in die neue Funktionsweise hineinwachsen. **Es ist weitaus bequemer, „nur als organische Gemeinde" (nur MG) oder „nur als grosse Gemeinde" (nur Gottesdienst) zu funktionieren. Ihr könnt jedoch enormes missionarisches Potenzial freisetzen, wenn ihr euch diese Spannung zu eigen macht und beidem Rechnung tragt. Die beiden Elemente wirken aufeinander ausserordentlich stark katalysierend, beziehen Nahrung von einander und beeinflussen sich gegenseitig.**

Uns ist vollkommen klar, dass das für einige ziemlich radikal klingt. Die Umsetzung ist für eine Gemeinde nicht einfach, weil der Eindruck entstehen kann, allem, was vorher gelaufen ist, werde wenig Wert beigemessen. Da der kulturelle Kontext der westlichen Welt jedoch ständig dramatischen Veränderungen unterworfen ist, sind wir der Ansicht, dass wir neu darüber nachdenken müssen, was es heisst, Kirche zu sein, und dass wir es uns nicht leisten können, bestehende Strukturen nur deshalb aufrecht zu erhalten, weil es unbequem ist, neue Formen zu finden. Lasst euch auf die Spannung ein, euch ganz für den *Oikos* und das zentralisierte Ressourcen-Center, zu dem die Gemeinde werden kann, einzusetzen.

ANHANG 4

MISSIONALE GEMEINSCHAFTEN UND GEMEINDEGRÜNDUNG

IST DAS GEMEINDEGRÜNDUNG?

Von Pastoren wird uns häufig die Frage gestellt, in welchem Verhältnis das Leiten von MGs und Gemeindegründung steht. Obwohl sicher manches ähnlich ist (wir haben gesagt, MGs seien in gewisser Weise wie „Gemeinden im Kleinformat"), gibt es einige entscheidende Unterschiede zwischen MGs und Gemeindegründung.

Im Gegensatz zu Gemeindeneugründungen bleiben MGs vollumfänglich Teil der aussendenden Gemeinde. Neu gegründete Gemeinden funktionieren in der Regel als autonome Gebilde, mit eigener Leiterschaft und von der Muttergemeinde unabhängigen Strukturen. MGs dagegen sind keine unabhängigen, autonomen Gemeinschaften. Sie beziehen weiterhin Ressourcen von der Kerngemeinde in Form von Unterstützung, Verbindlichkeit, Schulung und Ausrüstung. Dadurch gehören sie auch weiterhin zur grösseren Familie der Kerngemeinde.

Die *übergreifende* Vision für die MGs wird, anders als bei einem Gemeindegründungsprojekt, von der aussendenden Gemeinde bestimmt. Bei der Gemeindegründung wird das Projekt oft durch eine völlig neue Vision ins Leben gerufen. Die Vision einer MG demgegenüber ist „eine Vision als Teil der Vision", das heisst, die übergreifende Vision wird auf bestimmte Art und Weise in einem bestimmten Stadtviertel oder Beziehungsnetzwerk umgesetzt.

MGs sind, anders als Gemeindegründungsprojekte, äusserst mobil und flexibel. Sie können in kürzester Zeit von den Orten, an denen sie sich treffen, woanders hinziehen. Eine Gemeindegründung hingegen erfordert in der

Regel Treffen an einem festen Ort, damit in der Gemeinschaft Kontinuität und Präsenz gewährleistet sind. Die MG kann sich aufgrund ihrer Zugehörigkeit zu einem grösseren Leib weitaus grössere Flexibilität in Bezug auf die Zeiten und Orte der Zusammenkünfte leisten.

MGs-Leitende bekommen, anders als bei einer Gemeindegründung, kein Gehalt. Das trägt dazu bei, dass MGs leichte, im Unterhalt wenig aufwändige Gefässe für Mission und Jüngerschaft sind. Für eine Gemeindegründung sind Mitarbeiter mit sehr guter Ausbildung erforderlich, die für ihre Arbeit ein Vollzeit- oder Teilzeitgehalt bekommen. MGs-Leitende hingegen sind immer unentgeltlich tätig.

MGs sind, im Gegensatz zu einer Gemeindegründung, nicht finanziell unabhängig. Sie geben ihren Zehnten an die Gemeinde, von der sie ausgesandt werden, und überlassen ihr die angemessene Verteilung. Wie bereits erwähnt, ziehen MGs keinen Zehnten ein und haben keine Bankkonten, sondern bleiben in finanzieller Hinsicht mit der Kerngemeinde verbunden. Natürlich können in der MG Opfer (über den Zehnten hinaus) für bestimmte Bedürfnisse oder Projekte eingesammelt werden, aber die MG fungiert nicht als Gemeinde oder Non-Profit-Organisation und ist nicht Empfängerin allgemeiner Spenden.

MGs sollen, anders als bei der Gemeindegründung, neue MGs reproduzieren. Man könnte natürlich argumentieren, dass Gemeindegründungen neue Gemeindegründungen hervorbringen sollten. Wir kennen auch viele Gemeinden, die sich das zur Aufgabe gesetzt haben. Bei jeder MG ist aber Multiplikation schon vom ersten Tag an Teil der DNA, und das unterscheidet sie von einer typischen Gemeindegründung.

MGs treffen sich, anders als bei der Gemeindegründung, nicht unbedingt jeden Sonntag in einem zentralen Gemeindegebäude. Bei einer Gemeindegründung treffen sich normalerweise alle, die zur neuen Gemeinde gehören wollen, jeden Sonntag als Gemeinschaft, um einen Boden zu legen. Auch MGs mit einem starken Pioniergeist nehmen aber weiterhin mindestens einmal im Monat an einem Gottesdienst der Kerngemeinde teil.

MGs bekommen ihre Ressourcen, anders als bei der Gemeindegründung, hauptsächlich von der aussendenden Gemeinde, sie müssen sie nicht selbst aufbringen. Wie oben erwähnt, bleibt die MG weiterhin eng mit

der Kerngemeinde verbunden. Dementsprechend versorgt die Kerngemeinde die MG durch
Unterstützung und Schulung, während solche
Ressourcen bei einer Gemeindegründung von
innen heraus entwickelt werden.

Und doch, auch in Anbetracht alles eben Ge-
sagten, sind MGs ein Hilfsmittel, um *Oikos* (erweiterte Familien, die gemeinsam missionarisch
unterwegs sind) wiederherzustellen. Das bildet
ziemlich gut ab, was im Neuen Testament als
Gemeinde bezeichnet wird. Man könnte sich
also auch vorstellen, MGs als leichte, wenig aufwändige Gemeindegründung zu starten, wenn

> **MGS SIND EIN**
> **Hilfsmittel, um**
> **Oikos (erweiterte**
> **Familien, die**
> **gemeinsam**
> **missionarisch**
> **unterwegs sind)**
> **wiederherzustellen.**
> **Das bildet ziemlich**
> **gut ab, was im**
> **Neuen Testament**
> **als Gemeinde**
> **bezeichnet wird.**

ihr wollt! Viele Leute, die wir kennen, haben MGs als Rahmen für die Entwicklung einer Gemeindegründungsstrategie eingesetzt, das heisst, sie haben
MGs multipliziert, die dann wiederum zum Kernteam einer neuen Gemeindegründung wurden. Im nächsten Abschnitt findet ihr Aufzeichnungen über
diesen Prozess von Leuten, die dieses Vorgehen gewählt haben.

GEMEINDEGRÜNDUNG MITHILFE MISSIONALER GEMEINSCHAFTEN

Da die westliche Welt zunehmend „post-christlich" wird, müssen sich unsere
Gemeindegründungs-strategien dieser neuen Realität anpassen. Es gibt natürlich nicht nur eine richtige Form der Gemeindegründung, wenn man dabei
MGs einbezieht. Aber da wir selbst mit MGs Gemeinden gegründet und Hunderte von Gemeindegründern beim Einsatz von MGs als Gefässen beraten
haben, möchten wir einige Sachen weitergeben, die wir dabei gelernt haben.

Es liegt auf der Hand, dass ihr diese Informationen herunterbrechen müsst für
eure Stadt, eure Kultur, euer Team, eure Gaben und eure Berufung. Gemeindegründer sind oft versucht, nach einem „reinen Modell" Ausschau zu halten
und sich stur und ohne Rücksicht auf die Umstände an diese Formel zu halten (was zu katastrophalen Ergebnissen führen kann). Wir haben festgestellt,
dass es solch eine unverfälschte Art der Gemeindegründung nicht gibt. Ihr
müsst die Grundsätze von Jesus für Jüngerschaft und Mission für euer Umfeld kontextualisieren, und das ergibt ganz sicher ein unterschiedliches Bild
für jede Gemeindegründung.

Aber trotzdem kann die **Multiplikations-DNA** unseres Erachtens ein guter Ausgangspunkt sein.

Der Schlüssel zum Erfolg für jede Gemeinde, die MGs einsetzen will, besteht darin, von Anfang an die Multiplikations-DNA einzubauen. Wir möchten Multiplikation auf allen Ebenen erleben: Multiplikation von Jüngern, von Gefässen für Jüngerschaft und Mission, von christlichen Studentengruppen und auch von Gemeinden. Multiplikation bewirkt exponentielles Wachstum, während Addition lediglich lineares Wachstum nach sich zieht.

Wahrscheinlich habt ihr die meisten Erläuterungen zu den Auswirkungen exponentiellen Wachstums im Gegensatz zu linearem Wachstum schon einmal gehört. Wenn man zum Beispiel ein Stück Papier unendlich in der Mitte falten könnte (und somit die Höhe mit jedem Falten verdoppeln könnte), bräuchte man nur 42 Mal zu falten, um **den Mond zu erreichen**. Oder: Wenn man am Anfang einen Dollar hätte und das Geld täglich verdoppeln würde, hätte man am Ende der ersten Woche 64 Dollar. Aber **am Ende des ersten Monats hätte man 268 435 456 Dollar!**

Diese Art Prozess soll vom ersten Tag an Teil der DNA unserer Gemeindegründung werden. Aber das ist leichter gesagt als getan. **Wachsen durch Addition ist immer einfacher als Wachsen durch Multiplikation.** Immer wird es leichter sein, mehr Leute für den Besuch einer Veranstaltung zu gewinnen, als jemanden so zu schulen, dass sie oder er das, was du machst, multiplizieren kann. Beim Ersten sieht man die Ergebnisse schneller, und sie lassen sich auch leichter in Zahlen messen. Wenn ihr euch aber für Addition entscheidet, begrenzt ihr langfristig die Wachstumsrate. Uns geht es um Multiplikation. Dieser Lernprozess ist zwar schwierig, wenn man eine Gemeinde gründen will und die MGs gerade im Aufbau begriffen sind, aber am Ende lohnt es sich, wenn man den Wendepunkt des exponentiellen Prozesses erreicht.

Normalerweise ist das erste Jahr einer Gemeindegründung am wichtigsten. Die kulturelle DNA der Gemeinschaft wird geformt, man arbeitet mit feuchtem Zement, und schon bald nehmen die Dinge festere Formen an. Bildet sich eure kulturelle DNA ohne den Bestandteil der Multiplikation, gestaltet sich späteres Hinzufügen viel schwieriger.

Was bedeutet das praktisch?

Fangt mit dem Element an, das ihr multiplizieren wollt (eine MG), anstatt etwas anderes zu starten (einen Gottesdienst) und den Start der MGs später zu versuchen. Der Gottesdienst wird später dazu kommen. Wenn ihr aber euer Kernteam formiert, steckt sie mit der Vision an und gewinnt sie dafür, als Familie auf Mission unterwegs zu sein. Auf einen Nenner gebracht: Startet eine MG. So könnt ihr von Anfang an mit der richtigen DNA starten.

Wenn ihr MGs multiplizieren könnt, wird der Gottesdienst eine einfache Sache sein. Vermutlich klappt es mit dem Leiten der MG dann schon richtig gut, und im Gottesdienst fliesst einfach über, was die Leute in den MGs erleben. Somit dient der Gottesdienst nicht als das eine Gefäss, aus dem heraus wir die MG aufbauen wollen.

Gebt eurem Kernteam eine Metapher

Um es noch einmal klar zu sagen: Wir empfehlen euch, *mit dem Start eines Gottesdienstes zu warten, bis ihr die Zuversicht habt, dass eure Gemeinschaft Jünger und MGs multiplizieren kann.* Das wird eine Weile dauern, und da fast jeder Gemeinde mit „Gottesdienst" gleichsetzt, ist es für die Entwicklung eures Kernteams entscheidend wichtig, ihnen eine Metapher zu vermitteln, durch die klar wird, worum es gerade geht. Vergesst nicht: Es wird ziemlich anders aussehen als ihr gewöhnliches Bild von Gemeinde, und es wird mehr Zeit erfordern. Wenn die Leute nicht verstehen, *warum* ihr so vorgeht, werden sie schnell frustriert und desillusioniert sein. Den Leuten eine Metapher zu vermitteln und viel darüber zu reden hilft ihnen, den Sinn und Zweck ihres Vorgehens und eure Erwartungen an sie zu verstehen. Die neue Sache, zu der ihr sie beruft, wird dann greifbarer.

Zahlreiche Metaphern sind brauchbar. Vielleicht möchtet ihr etwas ganz Originelles verwenden. Wir erläutern euch einige Beispiele, die wir schon eingesetzt haben.

1. **Trainingslager für Rekruten**

    In dieser ersten MG steht ihr noch nicht in der Hitze des geistlichen Gefechts, aber ihr trainiert dafür. Im Moment habt ihr ein paar Paintball-Gewehre, und wenn etwas explodiert, ist es nur Farbe. Ihr versucht aber, im jetzigen Umfeld die spätere Situation möglichst getreu abzubilden und die Leute so zu schulen, dass sie darin bestehen können.

    Mit dieser ersten missionalen Gemeinschaft findet ihr zusammen heraus, wie es sich anfühlt, als erweiterte Familie auf Mission zu funktionieren (*Oikos*). In dieser Phase bringt ihr den Leuten bei, wie man andere bejüngert und mit ihnen als Familie missionarisch aktiv wird. Sie lernen, das Evangelium von Jesus überall, wo sie unterwegs sind, auszuleben und zu verkünden. (Ihr werdet wahrscheinlich mindestens 12–15 Erwachsene in eurem Kernteam brauchen, damit es sofort wie eine erweiterte Familie funktionieren kann.)

2. **Motorrad-Gang (kein Charter-Bus)**
   Eine MG ist im Grunde genommen einfach eine erweiterte Familie auf Mission, in der jedermann mit seinen oder ihren Gaben etwas zur Auferbauung der anderen beitragen kann. Die Teilnehmer haben die Möglichkeit, geistlich etwas in Gang zu setzen und nicht einfach in die Gemeinde zu kommen, um das Wort zu *hören* (und sich selbst zu täuschen), sondern das Wort auch zu *tun* und die Lehren von Jesus in der Gemeinschaft und im missionalen Kontext wirklich umzusetzen.

   Anstatt also als Charter-Bus unterwegs zu sein, in dem ein oder zwei Leute die meiste Arbeit verrichten und alle anderen im Sitzen die Fahrt geniessen, ist Gemeindegründung durch MGs eher wie eine **Motorrad-Gang:** Praktisch jeder hat etwas zu tun. Wir fahren vielleicht aus unterschiedlichen Gründen unterschiedliche Motorräder. Vielleicht sind wir auch auf unterschiedlichen Strassen unterwegs. **Aber wir sind eine Gang:** Wir halten zusammen und unterstützen uns gegenseitig. Wir haben eine gemeinsame *Kultur*, die dafür sorgt, dass wir alle in derselben Richtung unterwegs sind und bleiben.

Für welche Metapher ihr euch auch entscheidet – wir haben gemerkt, dass es wichtig ist, immer wieder darüber zu reden und die Teilnehmer bei jedem Treffen daran zu erinnern, warum ihr das macht, was ihr gerade macht.

Beim gemeinsamen Gestalten von UP, IN und OUT in dieser ersten MG begleitet ihr Menschen im Jüngerschaftsprozess. Einige von ihnen werden sich als Leiter erweisen, die bereit sind, eigene MGs zu starten.

Jetzt hat eure Multiplikation angefangen.

Fangt mit dem Gottesdienst an, wenn ihr wenigstens 75+ Erwachsene habt.
Widersteht der Versuchung, mit einem Gottesdienst anzufangen, wenn ihr noch nicht mindestens 75 Erwachsene (oder sogar eher 80–90) habt. Das

heisst, ihr habt eure ursprüngliche MG multipliziert, und wahrscheinlich sind noch mindestens drei weitere MGs entstanden (was aber nicht zwingend so sein muss). Es sei noch einmal gesagt: Ihr werdet immer versucht sein, früher zu starten. Wenn ihr aber noch nicht die Anzahl Leute habt, die es zu einem Treffen in einem echten „öffentlichen Raum" werden lässt, bekommt die soziale Dynamik einer kleineren Gruppe schnell etwas Inselhaftes und verliert an Lebendigkeit.

WIDERSTEHT DER **Versuchung, mit einem Gottesdienst anzufangen, wenn ihr noch nicht *mindestens* 75 Erwachsene habt.**

Vor dem Start eines wöchentlichen Gottesdienstes könnt ihr euch auch einmal im Monat zu einem Gottesdienst mit eurem Kernteam treffen, sobald durch Multiplikation die zweite MG entstanden ist. Wichtig ist, die angemessene Raumgrösse für eure Gruppe zu finden. Wenn ihr 50 Erwachsene habt, solltet ihr den Raum für eure Treffen dementsprechend auswählen.

So wächst bei eurem Kernteam die Hoffnung, dass ein grösserer Gottesdienst entstehen wird (ein wichtiger Teil des Gemeindelebens). Gleichzeitig könnt ihr ausprobieren, wie man einen Gottesdienst entsprechend eurer kulturellen DNA durchführt. Ihr könnt lernen, den Gottesdienst leicht und mit geringem Aufwand zu gestalten.

Verschiedene Modelle für den Start eines Gottesdienstes
Hier zeigen wir verschiedene Möglichkeiten zum Starten eures Gottesdienstes auf. Wiederum gilt: Kein Modell ist das einzig Richtige, jedes hat Stärken und Schwächen.

- **Zentralisiertes Vorgehen.** Fangt einmal im Monat an, erhöht den Rhythmus langsam, bis ihr euch schliesslich jede Woche einmal trefft. Dadurch füllt sich der Kalender eurer Leute. Wenn ihr sie aber gut bejüngert habt und sie wissen, wie man sein Leben strukturieren und ausgeglichen halten kann, kann das wirklich gut funktionieren.

- **Dezentralisiertes Vorgehen.** Trefft euch am Anfang häufiger zum Gottesdienst und schraubt dann langsam auf ein monatliches Treffen als ganze Gemeinde zurück. Bei dieser Form wird die MG zur wichtigsten Ausdrucksform der Gemeinschaft, während der Gottesdienst zum Gefäss wird, in dem man zusammen feiert und Leben überfliessen lässt.

- **Setzt euch der Spannung aus.** Sobald ihr in den MGs insgesamt 80–90 Erwachsene habt, kommt jede Woche einmal zum Gottesdienst zusammen. Macht euch bewusst, dass ihr während dieser Zeit Energie in den Gottesdienst investieren müsst. Die Betonung der „Haus"-Dynamik in eurer Gemeinschaft wird sich teilweise zur „Tempel"-Dynamik verschieben.[35] Bereitet die Leiter darauf vor, sorgt aber auch dafür, dass ihr euch zu einem gewissen Zeitpunkt wieder der „Haus"-Dynamik zuwendet. Sonst könnte der Eindruck entstehen, das ganze MGs-Zeug sei nur für vorher gewesen, als wir den Gottesdienst noch nicht hatten!

Auch hier sollen keine Pauschalrezepte vermittelt werden. Ihr werdet Weisheit vom Heiligen Geist brauchen, um zu entscheiden, welches Modell (oder welcher Hybrid) für eure Gemeinschaft geeignet ist. Jede Form beinhaltet Herausforderungen und Chancen, die ihr nicht übersehen dürft.

Jetzt kommt unsere stärkste Warnung: Wenn sie sich selbst überlassen sind, gründen die meisten Gemeindegründer eine Gemeinde als *Reaktion* auf ein Modell, dass sie selbst erlebt haben und das ihnen nicht gefallen hat. Entweder stand dir der Gottesdienst zu stark im Mittelpunkt oder zu wenig; das Dezentralisiert-Sein wurde zu stark betont oder aber zu wenig. Oder der Gottesdienst hat dir von der Gestaltung her nicht entsprochen. Oder der Jüngerschaftsprozess liess zu wünschen übrig und wird bei euch besser funktionieren. Es ist leicht, von einem Extrem ins andere zu verfallen und (um die Metaphern etwas zu mischen) das Kind mit dem Bade auszuschütten.

Bewusst in der Spannung leben

Wir müssen lernen, in der Spannung zu leben, dass das Erleben im Tempel (der Gottesdienst) und das Erleben im Haus (missionale Gemeinschaften) zu festen Bestandteilen unseres Gemeinschaftslebens werden. Je nach Gottes momentaner Führung und euren Bedürfnissen lernt ihr, euch zeitweise mehr dem einen oder dem anderen zu widmen.

Wenn ihr das gut macht, werdet ihr, sobald ihr ein zentrales Treffen gestartet habt, immer um einen ausgeglichenen Zeit- und Energiehaushalt ringen müssen. Es lässt sich nicht vermeiden, dass der Gottesdienst Zeit und Energie von

---

[35] Diese Dynamik spielt eine wichtige Rolle und man sollte sie wirklich verstehen. In unserem Buch *Leading Kingdom Movements*, Kapitel 9, findet ihr weitere Erläuterungen.

den MGs und ihrem organischen Leben abzieht. Wir sind jedoch der Ansicht, dass sich gesundes organisches Leben in den MGs langfristig nur mit Unterstützung durch einen regelmässigen Gottesdienst aufrechterhalten lässt.

Wir müssen lernen, einen „niedrigen Schwerpunkt" zu setzen. Dadurch können wir unser Gleichgewicht bewahren und unser Gewicht auf das beständige Zusammenwirken von Tempel und Haus verteilen. Gelingt uns das, können wir angemessen auf Situationen und die Führung des Heiligen Geistes reagieren und uns mehr in die eine oder andere Richtung lehnen, ohne aus dem Gleichgewicht zu geraten. Reife beinhaltet, dass wir mehr zum Tempel neigen können, ohne das Haus aufzugeben und umgekehrt. Wir müssen lernen, was für jeden der beiden Bereiche notwendig und ausreichend ist und uns aneignen, wie wir jeweils eine gut gepolsterte und eine abgespeckte Form gestalten können.

Finanzielle Treibkraft finden
Diese Art von Gemeindegründung geht langsamer vonstatten als andere Methoden, und dementsprechend gestaltet sich das Ganze nach anderen Massstäben. Was damit gemeint ist? *Zwei Jahre lang* wirst du *kein volles Gehalt bekommen*. Wir empfehlen dir, als finanzielle Treibkraft nicht allein auf Unterstützung durch die Gemeinde/Denomination und persönliches Fundraising abzustellen. Der Druck, „ein Gehalt auf die Beine zu stellen", wird die Dinge in eine Schieflage bringen und du wirst unbewusst Entscheidungen über die Zukunft der Gemeinde treffen, die mehr mit Geld zu tun haben als es Gott von eurer Gemeinschaft möchte.

Wenn du dir also Gedanken über die Möglichkeit machst, beruflich zweigleisig zu fahren (unsere Empfehlung), solltest du die folgenden Schlüsselkritierien in die Überlegungen zu deiner „Zeltmacher-Tätigkeit" einbeziehen.

1. Sie sollte flexibel und neben Gemeindegründung und Familienleben gut machbar sein.

2. Sie sollte die Rechnungen abdecken, und du solltest noch etwas übrig behalten.

3. Sie sollte dich emotional nicht zu stark fordern. Gemeindegründung ist emotional schon anspruchsvoll genug. (Anders ausgedrückt: Verkauf auf Provisionsbasis wäre vielleicht nicht so angesagt!)

4. Wenn möglich, sollten sich dadurch missionale Möglichkeiten erge-
    ben, in die du auch die Gemeinde einbeziehen kannst (es ist auch
    wieder eine Option — aber wenn du so etwas verwirklichen kannst,
    ist es das Sahnehäubchen).

Um Fleisch an die Knochen zu bringen, wollen wir uns zwei beliebte Zeltma-
cher-Jobs für Gemeindegründer anschauen: Barista und Web-Designer.

BARISTA

1. **Flexibel? Ja!** Du kannst früh am Morgen oder abends arbeiten, je
    nachdem, wie es sich am besten in deinen missionalen Rahmen ein-
    fügt.

2. **Kann meine Rechnungen bezahlen und behalte etwas übrig?
    Nein!** Sogar bei einem Arbeitgeber wie Starbucks, der gewisse Be-
    reiche der Krankenversicherung abdeckt, liegt es knapp über dem
    Mindestlohn und reicht für eine Familie nicht aus.

3. **Emotional nicht sehr anspruchsvoll? Ja!** Du kannst ein- und aus-
    stempeln, und der Job beansprucht wenig von deinen emotionalen
    oder kognitiven Fähigkeiten.

4. **Passt gut in das missionale Umfeld? Ja!** Als Barista triffst du einen
    Haufen neue Leute, von denen wahrscheinlich viele Menschen des
    Friedens sein werden.

FREIBERUFLICHER WEB-DESIGNER

1. **Flexibel? Ja!** Ausser bei Terminen mit Kunden kannst du grundsätz-
    lich deine Arbeit selber einteilen.

2. **Kann meine Rechnungen bezahlen und behalte etwas übrig?
    Mittelmässig.** Die meisten uns bekannten Gemeindegründer, die als
    Web-Designer tätig sind, haben noch einen Unterstützerkreis, und die
    Gemeinde kommt für einen Teil ihres Gehalts auf.

3. **Emotional nicht sehr anspruchsvoll? Mittelmässig.** Die meisten
    uns bekannten Web-Designer empfinden ihre Arbeit als emotional
    stärkend, sie können sich kreativ verwirklichen. Beim Freiberuflersein
    genügt es allerdings nicht, ein toller Designer zu sein. Man muss auch
    ständig nach neuen Aufträgen Ausschau halten und neuen Kunden
    die eigenen Dienstleistungen verkaufen.

4. **Passt gut in das missionale Umfeld? Ja!** Beide Tätigkeiten eignen sich wahrscheinlich nicht unbedingt als ausschliessliche Einkommensquelle, könnten aber in Kombination mit anderen Sachen gut funktionieren. Wir empfehlen euch sowieso, verschiedene Einkommensquellen in Betracht zu ziehen. Es ist zwar etwas chaotischer, als wenn man nur eine Stelle hat, aber langfristig gesehen erweist es sich als stabiler und nachhaltiger, weil man nicht alles auf eine Karte setzt.

Wir empfehlen Gemeindegründern absolute Ehrlichkeit in Bezug auf die Frage, welcher Zeitraum für die Gründung der Gemeinde eingeplant werden muss, wie der Finanzbedarf aussieht und welche Möglichkeiten sich für eine zweite berufliche Tätigkeit auftun. Möglicherweise musst du ein oder zwei Jahre einsetzen, um dir vor dem Gründungsprojekt neue Kompetenzen anzueignen, die dann während der Gründungszeit zum Tragen kommen können.

LERNGEMEINSCHAFTEN

Wie oben schon erwähnt, kommst du mit einem Buch nur an einen gewissen Punkt. Deshalb haben wir den Prozess der Lerngemeinschaften entwickelt, der Leitern und Strategieteams helfen soll, die beschriebenen Umstellungen erfolgreich zu bewältigen. Zusammen mit Hunderten von Gemeinden haben wir diesen Prozess durchlaufen. Die persönlichen und kulturellen Herausforderungen mögen beträchtlich sein; durch Coaching und Schulung für die Übergangsphase durften wir erleben, wie Gemeinden in der gesamten westlichen Welt in den Bereichen Jüngerschaft und Mission ausserordentlich fruchtbar wurden.

Der Prozess verläuft fast immer chaotisch und langsam, fordert uns persönlich heraus und ist zeitweise schmerzhaft. Aber durch Gottes Gnade ist es machbar. Wir beten, dass du hierdurch ermutigt wirst, dich nach der Erfüllung der Träume, die Gott für Reich-Gottes-Durchbrüche in deiner Stadt auf dein Herz gelegt hat, auszustrecken.

Weitere Infos über Lerngemeinschaften und andere Ressourcen findest du auf unserer Website: *www.weare3dm.com*.

9 780997 305890